AF635170

Helga König

450 Kreuzstichmotive

Ostereier
schön bestickt

stv

Umschlaggestaltung: DSR – Werbeagentur Rypka, A-8143-Dobl/Graz
Titelbild: Ralf Tornow, Digi-Art, Bad Aussee
Bildnachweis: Ralf Tornow, Digi-Art, Bad Aussee: S. 4, 15 ff.
Alle anderen Abbildungen stammen dankenswerterweise von der Autorin.

Bibliographische Information der Deutschen Nationalbibliothek
Die Deutsche Nationalbibliothek verzeichnet diese Publikation in der Deutschen Nationalbibliographie; detaillierte bibliographische Daten sind im Internet über http://dnb.d-nb.de abrufbar.

Der Inhalt des Buches wurde von der Autorin und vom Verlag nach bestem Wissen überprüft; eine Garantie kann jedoch nicht übernommen werden. Die juristische Haftung ist daher ausgeschlossen.

Hinweis:
Dieses Buch wurde auf chlorfrei gebleichtem Papier gedruckt. Die zum Schutz vor Verschmutzung verwendete Einschweißfolie ist aus Polyethylen chlor- und schwefelfrei hergestellt. Diese umweltfreundliche Folie verhält sich grundwasserneutral, ist voll recyclingfähig und verbrennt in Müllverbrennungsanlagen völlig ungiftig.

Auf Wunsch senden wir Ihnen gerne kostenlos unser Verlagsverzeichnis zu:
Leopold Stocker Verlag GmbH
Hofgasse 5 / Postfach 438
A-8011 Graz
Tel.: +43 (0)316/82 16 36
Fax: +43 (0)316/83 56 12
E-Mail: stocker-verlag@stocker-verlag.com
www.stocker-verlag.com

ISBN 978-3-7020-1520-6

Alle Rechte der Verbreitung, auch durch Film, Funk und Fernsehen, fotomechanische Wiedergabe, Tonträger jeder Art, auszugsweisen Nachdruck oder Einspeicherung und Rückgewinnung in Datenverarbeitungsanlagen aller Art, sind vorbehalten.

© Copyright by Leopold Stocker Verlag, Graz, 2. Auflage 2018

Layout: DSR – Werbeagentur Rypka, A-8143-Dobl/Graz
Herstellung: hm•perfectprintconsult•eu

Inhaltsverzeichnis

Vorwort

Wenn nach einem langen Winter die Tage endlich wieder länger werden und die Natur zum Erblühen beginnt, ist Ostern nicht mehr weit. Man beginnt, die Wohnung der Jahreszeit entsprechend zu dekorieren. Ein schöner Osterstrauch, geschmückt mit zierlich bestickten Eiern, ist sicher ein **„Must have“** in Ihrem Heim.

Aber auch als kleines Geschenk für einen lieben Menschen eignet sich ein besticktes Osterei sehr gut. Bei der Gestaltung können Sie ganz besonders auf die Vorlieben des zu Beschenkenden eingehen, ob farblich passend zur Dekoration oder z. B. eine Katze für Katzen-Liebhaber, ganz traditionell oder einfach nur mit einem Monogramm. In diesem Buch können Sie aus über 400 kleinen Motiven – ganz speziell für Ihr Osterei – auswählen.

Viel Freude beim Aussuchen und Sticken wünscht Ihnen
Ihre
Helga König

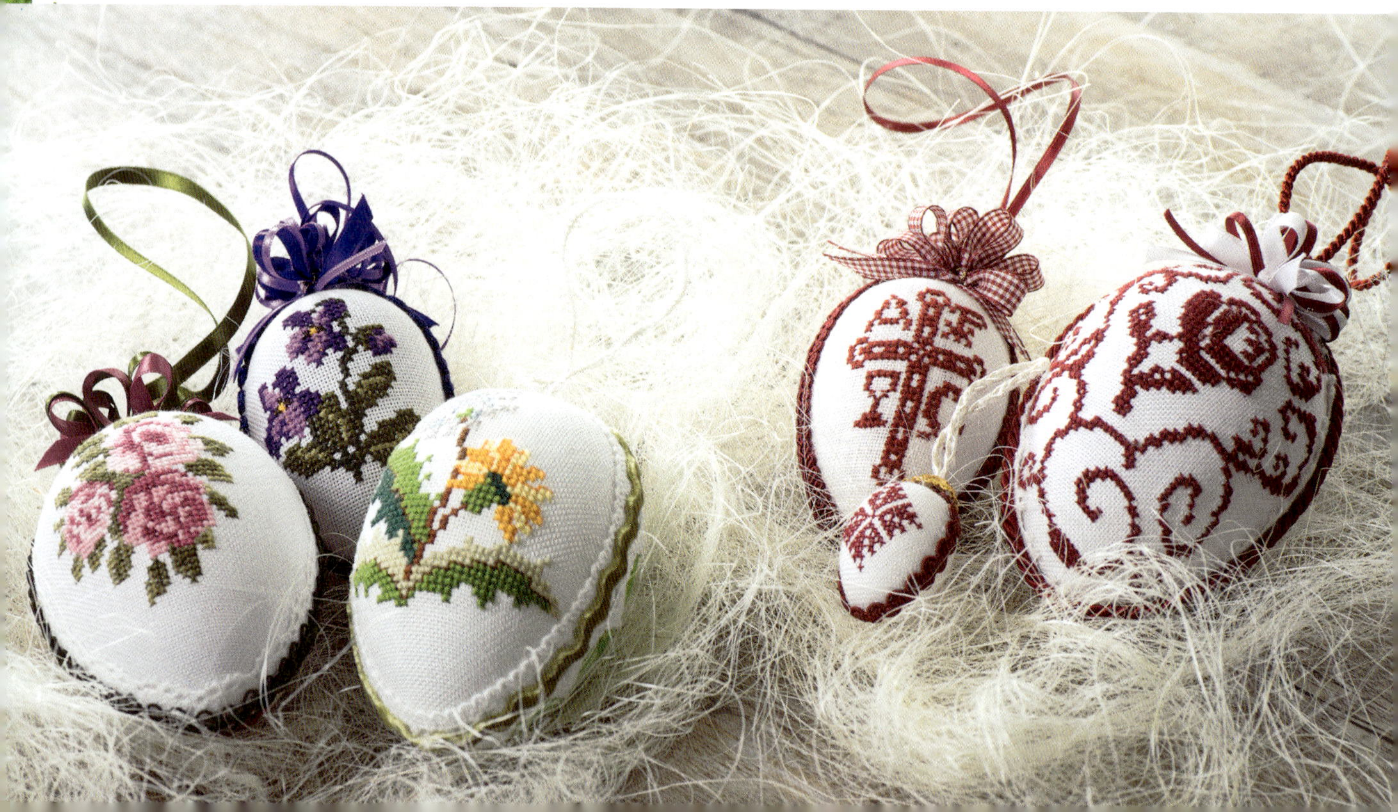

Das richtige Material

Bevor Sie mit dem Sticken beginnen, benötigen Sie den richtigen Stoff.

Am besten eignet sich dazu ein weicher, zählbarer Stickstoff. Ob er aus Leinen, Baumwolle oder einem Mischgewebe besteht, bleibt ganz Ihnen überlassen.

Die richtige Motivgröße für Ihr Ei

Bei einer Leinenbindung zählen Sie die Fäden von 1 cm ihres Stoffes ab. Da man über 2 Fäden stickt, ist die Hälfte der abgezählten Fäden immer Ihre Anzahl der Kreuzchen.

Beispiel: Ein Motiv, welches 20 x 30 Kreuzchen (Kr) hat:
Bei 8 Fäden auf 1 cm sticken wir 4 Kreuzchen = 5 x 7,5 cm
(20 Kr : 4 Kr = 5 cm / 30 Kr : 4 Kr = 7,5 cm)

Bei 10 Fäden auf 1 cm sticken wir 5 Kreuzchen = 4 x 6 cm

Bei 11 Fäden auf 1 cm sticken wir 5,5 Kreuzchen = 3,6 x 5,5 cm

Bei 12 Fäden auf 1 cm sticken wir 6 Kreuzchen = 3,3 x 5 cm

Sie sehen:
Je feiner der Stoff ist, umso kleiner wird das Motiv.

Bei Stoffen mit einer Aidabindung brauchen Sie nur die vorgegebenen Kästchen abzuzählen.

Aber Vorsicht! Aidastoffe können oft sehr steif sein und sind zum Überziehen der Eier daher nicht immer geeignet.

Das Stickgarn

Als **Stickgarn** eignet sich am besten Moulinégarn, auch Sticktwist genannt. Hiervon führt jede Firma eine riesige Farbauswahl. Das Garn besteht aus 6 einzelnen Fäden, die man je nach Feinheit des Stoffes teilen kann.

Bevor Sie das Motiv zu sticken beginnen, probieren Sie einige Stiche am Rand des Stoffes aus.

Der Stoff sollte durch das Kreuzchen verdeckt sein, aber es sollte sich kein Wulst bilden.

Sollten Sie Garnreste haben, so eignen sich gerade die kleinen Motive in diesem Buch, diese Reste zu verbrauchen. Bei vielen Motiven können Sie die eine oder andere Farbe ganz einfach durch eine andere ersetzen.

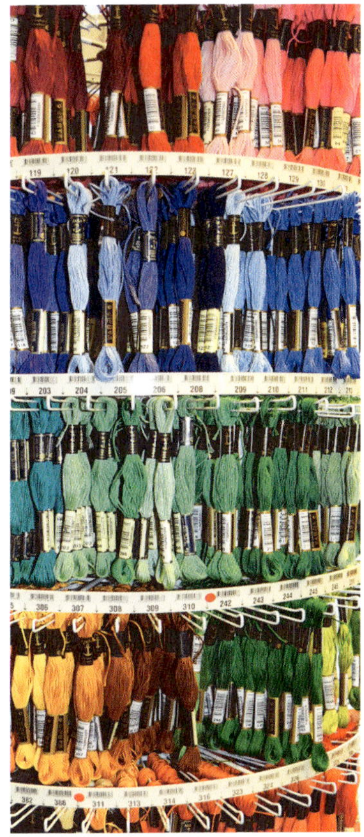

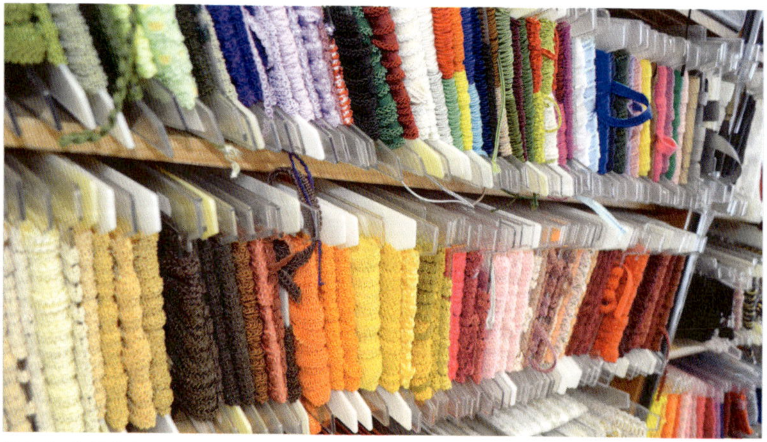

Im Fachgeschäft finden Sie die zu Ihrem gestickten Motiv passenden Borten und Bänder.

Sticknadel

Als **Sticknadel** bezeichnet man eine feine Nadel ohne Spitze mit großem Öhr. Es gibt sie in verschiedenen Stärken.

Eier

Am besten eignen sich teilbare Acryleier für das Überziehen mit dem Stickstoff. Sie werden im Bastelfachhandel in verschiedensten Größen von ca. 4 cm bis 15 cm angeboten.

Spitzen, Borten, Bänder und Co.

Ein kleiner Vorrat an Spitzen, Borten und Bändern kann nicht schaden. Doch aus eigener Erfahrung weiß ich, dass meistens nicht das Passende dabei ist. Nehmen Sie in diesem Fall das fertig gestickte Motiv in Ihr Fachgeschäft mit und suchen Sie vor Ort die dazupassenden Borten und Bänder aus.

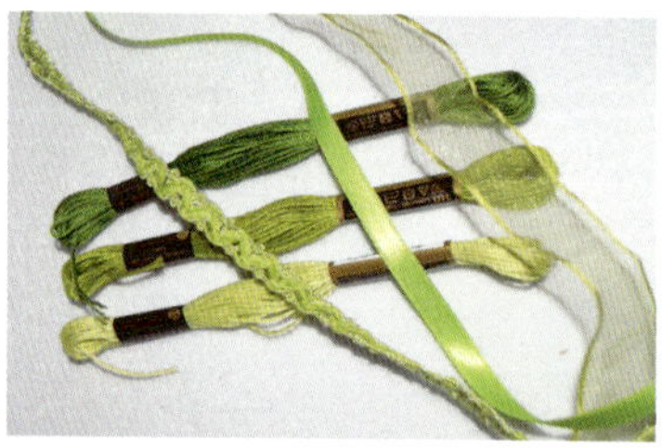

... oder wählen Sie vor Beginn der Arbeit Garn und Bänder aus.

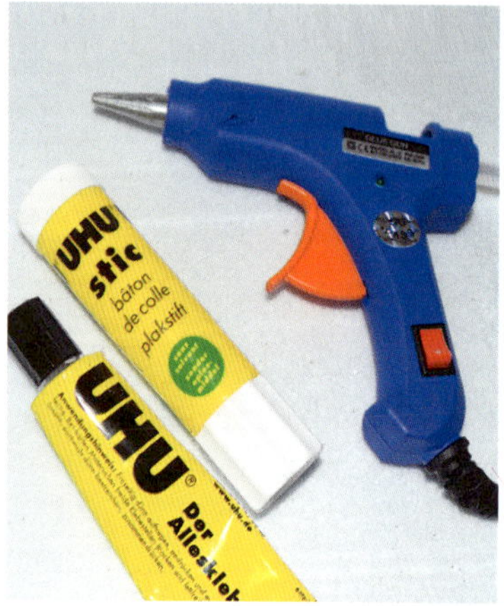

Klebstoff

Ein Klebestick eignet sich am besten zum Bekleben der Formen mit Stoff. Er klebt sofort, lässt sich aber doch noch eine kurze Zeit bearbeiten und macht auf dem Stoff keine Flecken. Um Borten und Bänder aufzukleben, eignet sich ein Alleskleber sehr gut. Bei Borten kann es allerdings vorkommen, dass die Klebekraft nicht ausreicht und man mit Heißkleber „nachhelfen" muss.

Werkzeug

- eine gut schneidende, spitze kleine Schere
- eine kleine Zange, um die Öse des Eies abzuzwicken
- ein Skalpell oder feines Messer, um Klebstoffreste wegzuputzen

Grundkurs Sticken

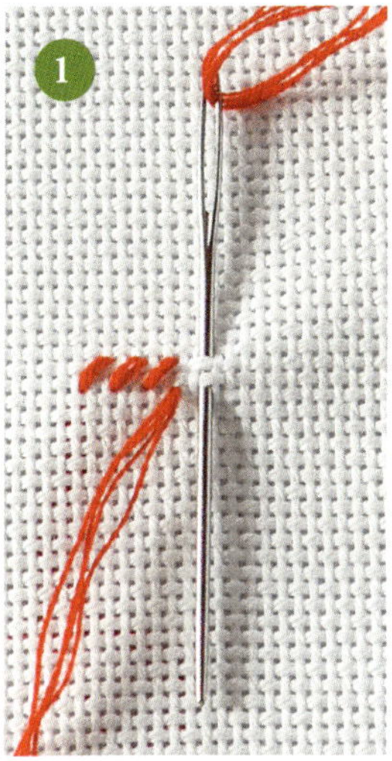

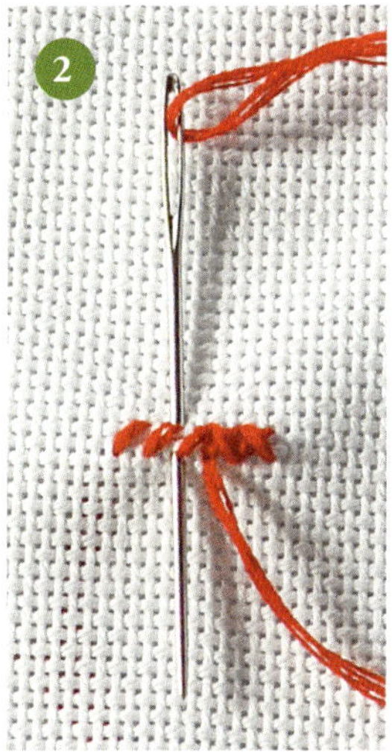

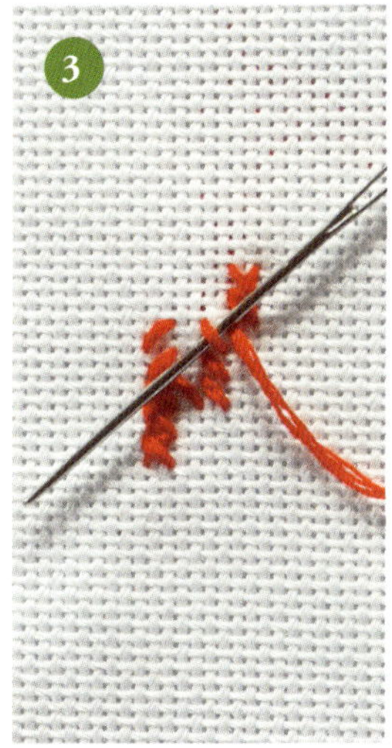

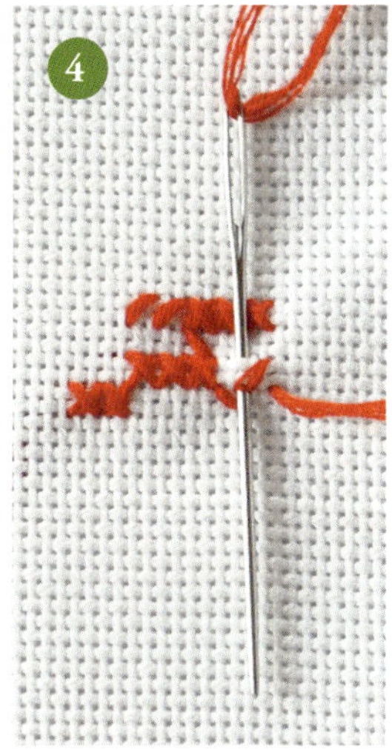

Der Kreuzstich besteht immer aus 2 Stichen: dem Unterstich (von links unten nach rechts oben) und dem Deckstich (von links oben nach rechts unten).

Normalerweise wird er über 2 Gewebefäden gearbeitet (bei Aidastoff über 1 Kästchen).

Man beginnt links unten mit dem Unterstich (Abb. 1).

Der Deckstich wird zurückgenäht (Abb. 2).

Wichtig: Immer nur über 2 Fäden stechen!

Je nach Muster ergibt es sich, dass entweder ein Kreuzchen fertiggemacht wird oder einmal ein Deckstich und einmal ein Unterstich gestickt wird (Abb. 3).

Am Rückweg die Nadel entsprechend über oder unter dem Faden führen (Abb. 4).

Den Faden auf der Rückseite vernähen (über 3–4 Stiche reicht) (Abb. 5).

Den neuen Faden gleich zu Beginn vernähen (Abb. 6).

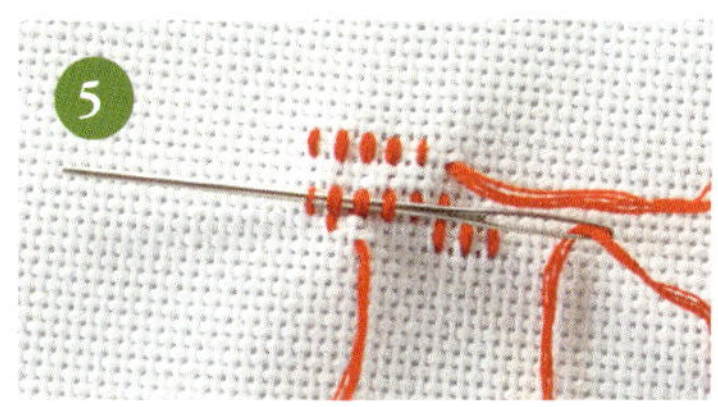

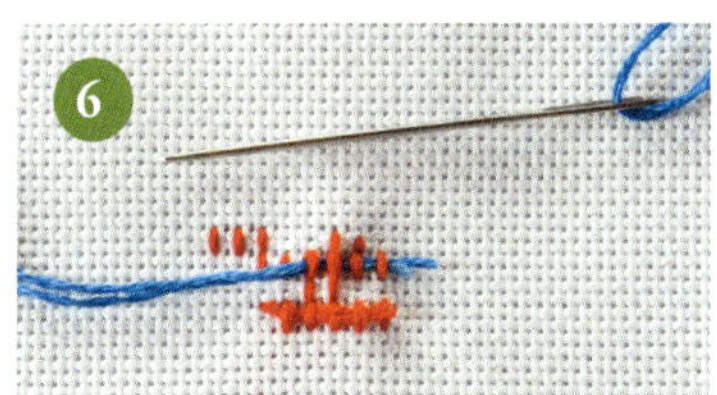

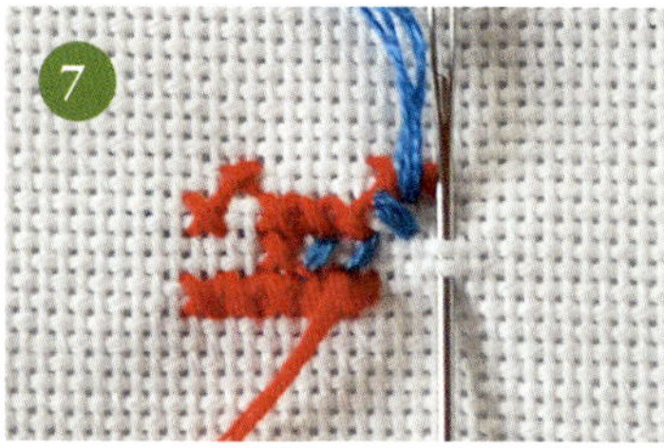

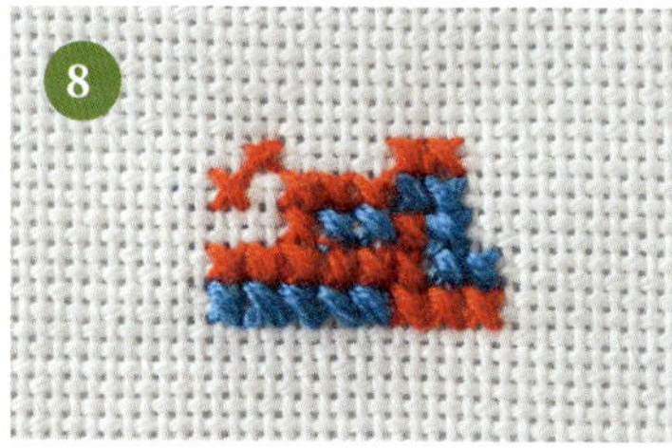

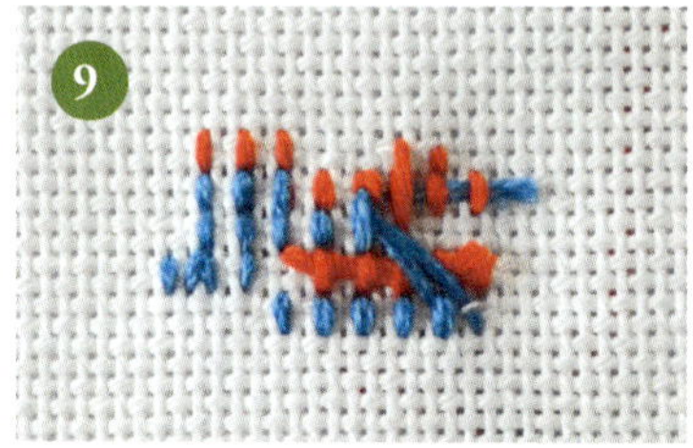

Beim Sticken mit mehreren Farben stickt man immer einen Teil fertig. Dazu lässt man den/die Fäden auf der Vorderseite hängen und stickt dann bei Bedarf damit wieder weiter. (Abb. 7 u. 8)

Da das Motiv anschließend aufgeklebt wird, kann man auf der Rückseite – ausnahmsweise!– den Faden quer verlaufen lassen. Vorsicht bei dunklen Farben: Zur Kontrolle den Stoff immer gegen das Licht halten, damit Sie kontrollieren können, ob die Fäden nicht durchscheinen (Abb. 9).

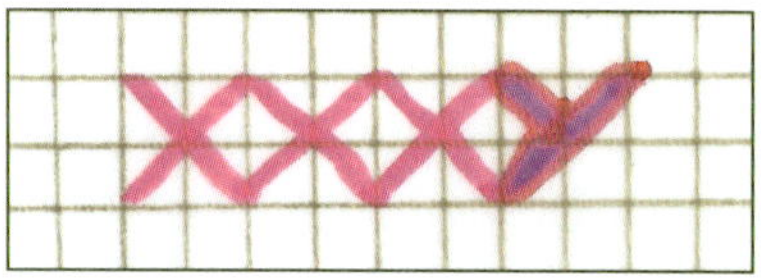

Für halbe Stiche nur ein ½ Kreuzchen an der vorgegebenen Stelle machen.

Halbe Stiche
Gerade bei kleinen Motiven braucht man hin und wieder auch nur halbe Stiche um z. B. eine schöne Rundung zu bekommen. Dazu nur ein ½ Kreuzchen an der vorgegebenen Stelle machen.

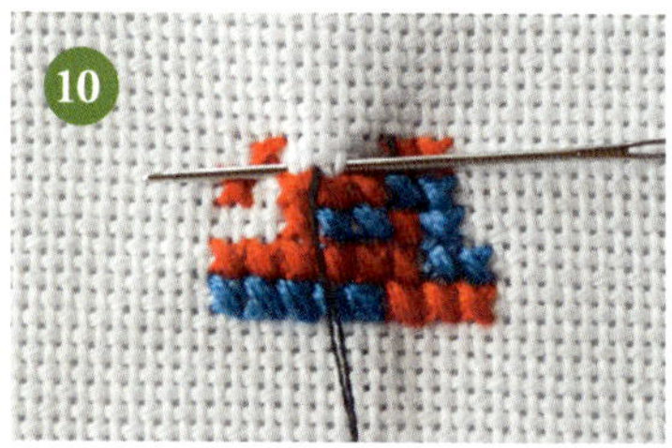

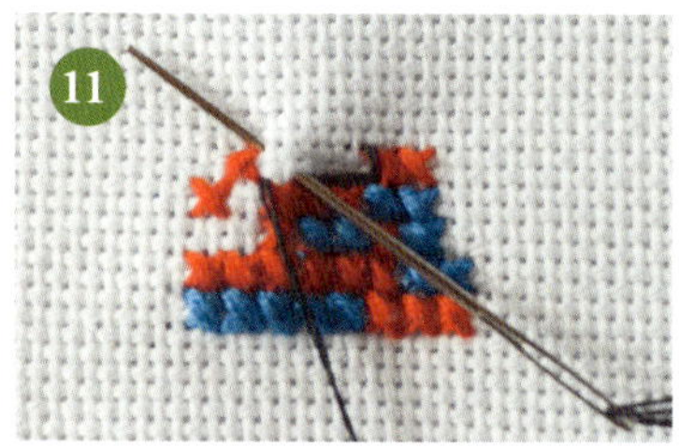

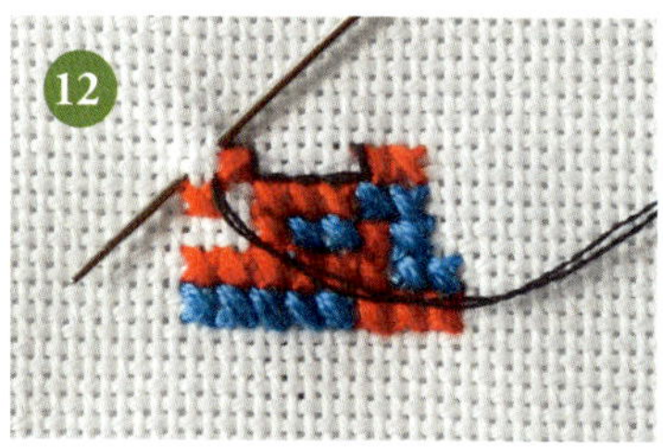

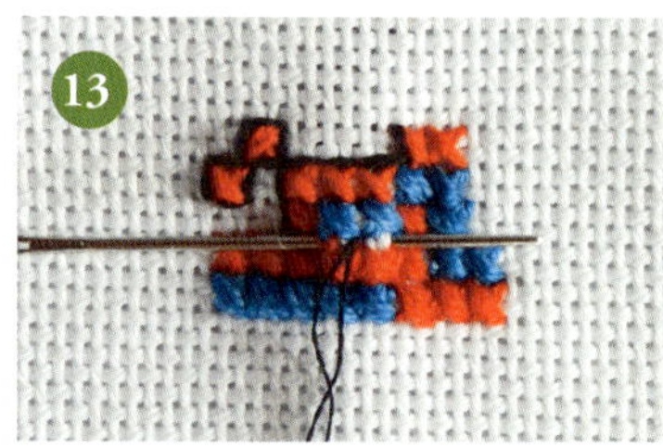

Spannstiche
Mit Spannstichen stickt man Kontraste und Konturen, um das Motiv „lebendiger" erscheinen zu lassen. Sie werden mit dünneren Faden als das übrige Motiv gestickt. Meist nimmt man entweder einen schwarzen oder einen gleichfarbigen Faden in einer dunkleren Schattierung (Abb. 10–13).

Überziehen des Eies

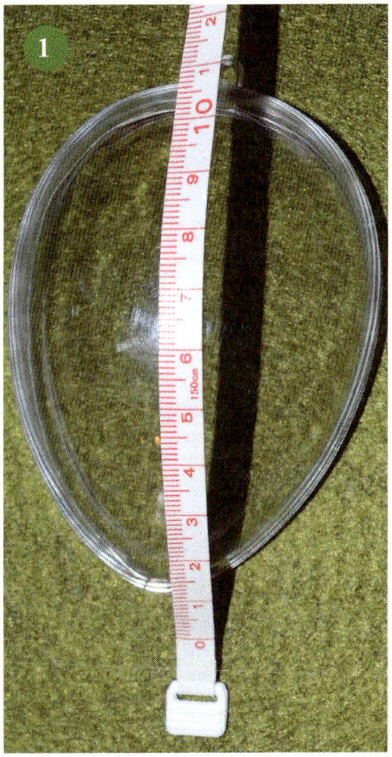

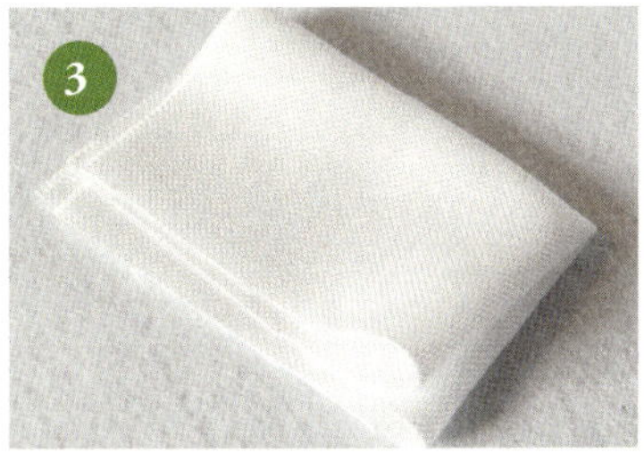

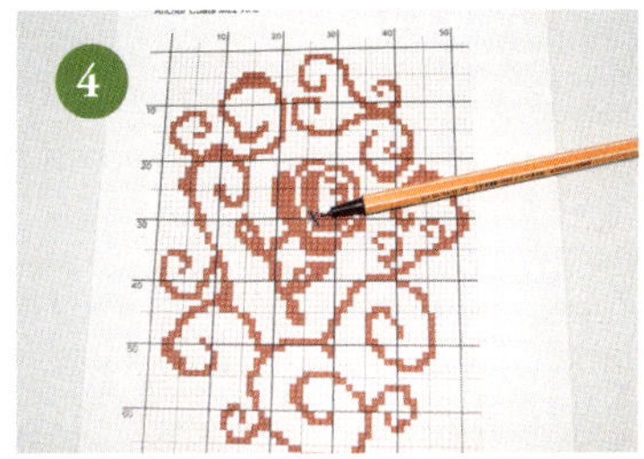

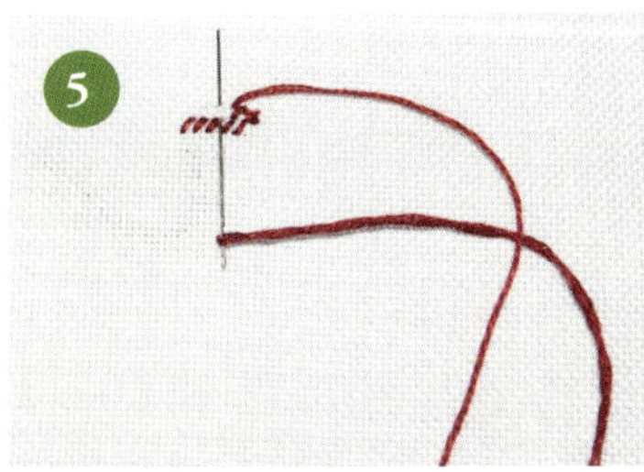

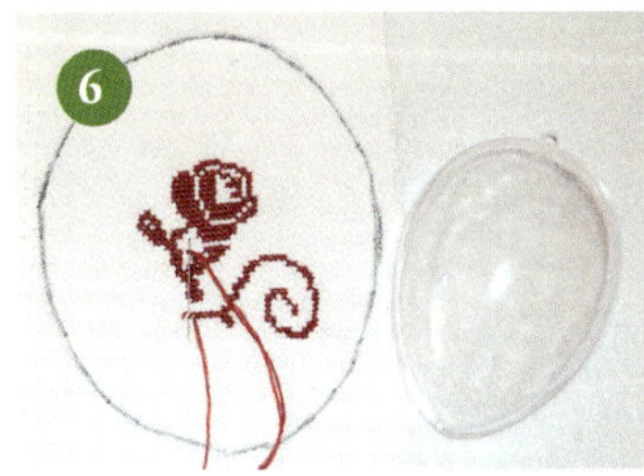

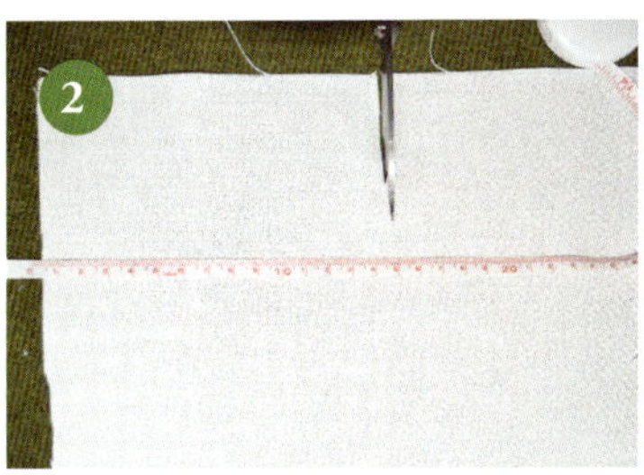

Stoff zuschneiden

Das Ei an den breitesten Stellen (Länge und Breite) abmessen und ca. 5 cm rundherum dazurechnen. Mit diesen Maßen ein Rechteck aus dem ausgewählten Stoff zuschneiden (Abb. 1 u. 2).

Die Mitte des Motivs auszählen und mit einem kleinen Markierungspunkt versehen. Nun den Stoff 1 x in der Länge und 1 x in der Breite falten und ein wenig andrücken. So entsteht ein kleiner Bug, der die Mitte markiert (Abb. 3 u. 4).

Von der Mitte aus zu sticken beginnen (Abb. 5).

Bei Motiven, die das ganze Ei bedecken, ist es von Vorteil, wenn Sie die tatsächliche Linie des Eies einzeichnen, damit Sie abschätzen können, wo und wie weit Sie sticken können (Abb. 6).

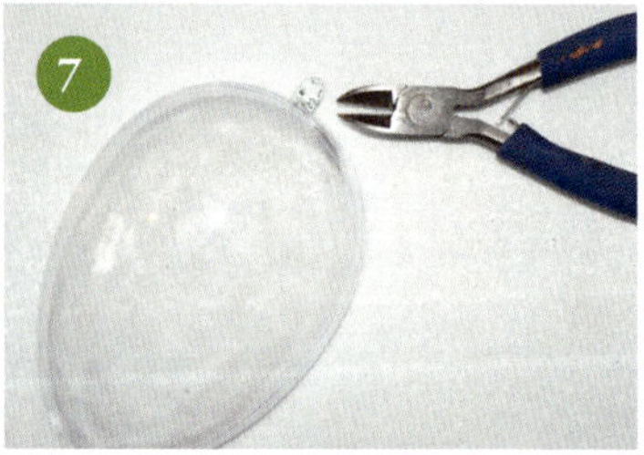

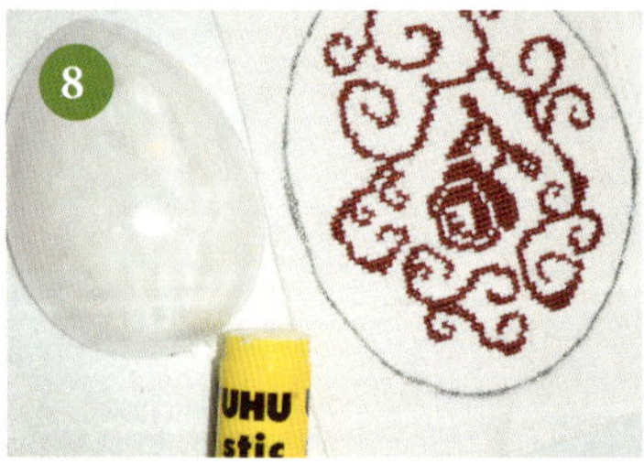

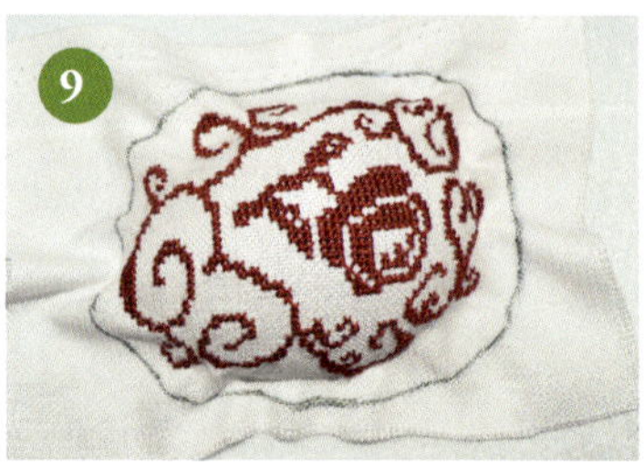

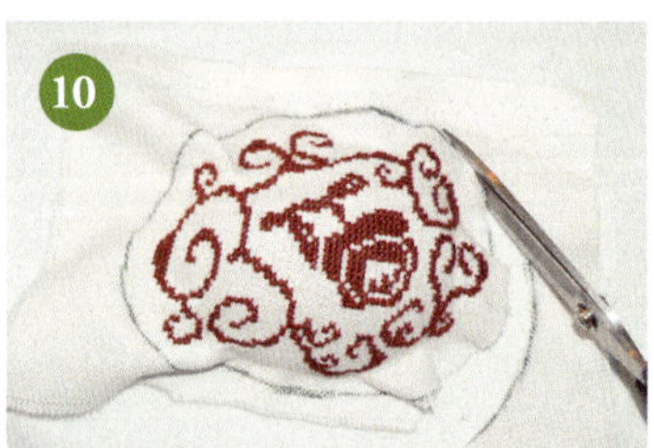

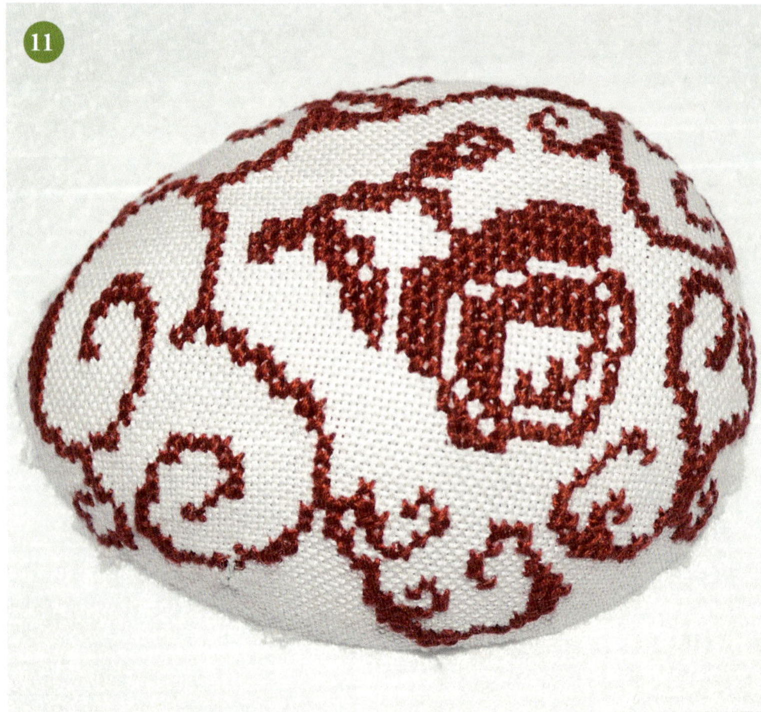

Das Ei mit Stoff bekleben

Den Haken an der Oberseite des Eies abzwicken. Es sieht schöner aus, wenn Sie das Band zum Aufhängen zwischen die beiden Eihälften klemmen (Abb. 7).

Eine Ei-Hälfte satt mit einem Klebestick einstreichen (Abb. 8) …

… und den Stoff mittig draufkleben. Das Ei umdrehen und von innen kontrollieren, ob das Motiv auch richtig platziert ist (Abb. 9).

Zuerst einmal den Stoff grob wegschneiden (ca. 0,5 bis 1 cm überstehen lassen). Dann bis zur Kante den Stoff mit den Fingerspitzen niederdrücken – falls notwendig – nochmals etwas Klebstoff auftragen (Abb. 10).

So lange mit den Fingern den Stoff vorsichtig hin- und herschieben, bis keine Falten mehr da sind. Den restlichen Stoff genau kantig wegschneiden (Abb. 11).

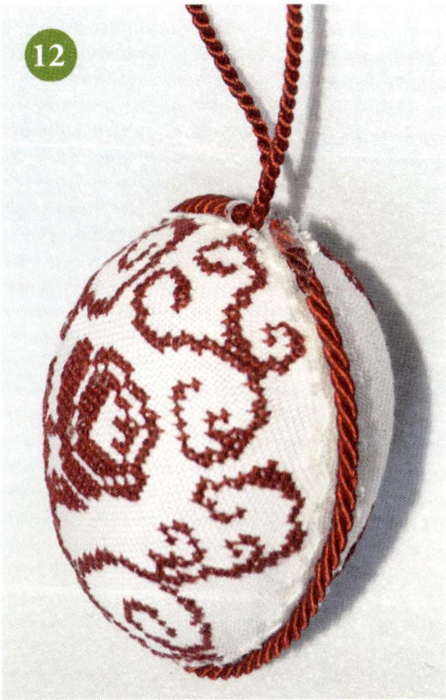

12

Das Ei fertigstellen

Das Ei zusammensetzen. Dabei oben das Aufhängeband mit einklemmen und mit der ausgewählten Spitze, der Borte oder der Kordel bekleben (Abb. 12).

Die Masche ankleben (Abb. 13).

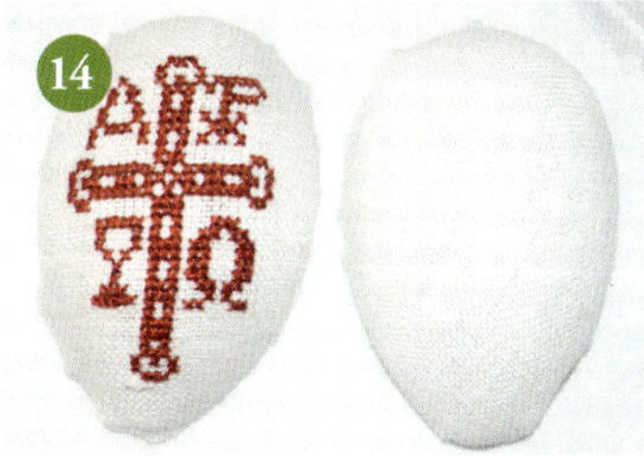

14

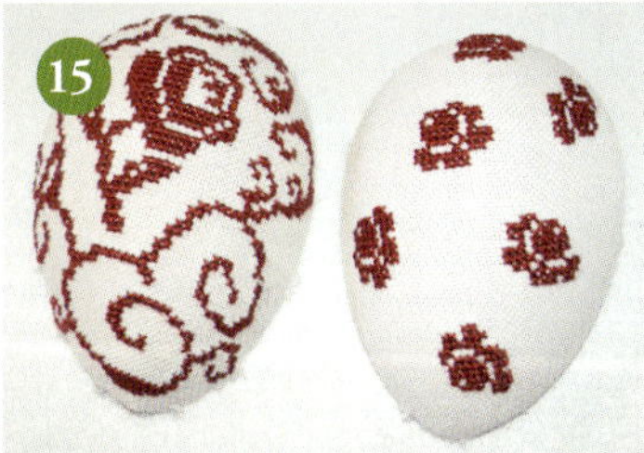

15

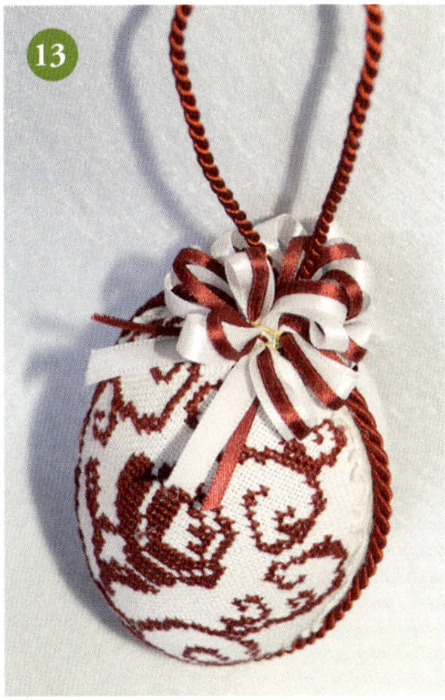

13

Die Rückseite - verschiedene Möglichkeiten

Wie Sie die Rückseite des Eies gestalten, ist Ihrem Geschmack und Ihrer Fantasie überlassen.

Die Vorderseite bestickt, die Rückseite mit dem gleichen Stoff ohne Stickerei überzogen (Abb. 14). Beide Seiten bestickt (Abb. 15).

Die Vorderseite bestickt, die Rückseite mit dem einem farblich passenden Stoff überzogen (Abb. 16).

Die Vorderseite bestickt, die Rückseite mit einem passenden Motiv-Stoff überzogen (Abb. 17).

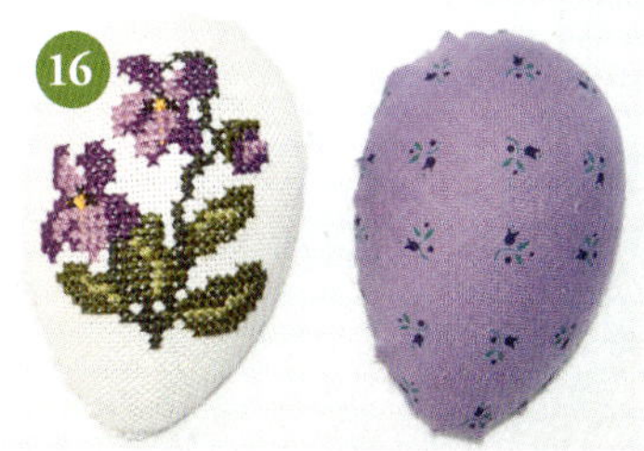

16

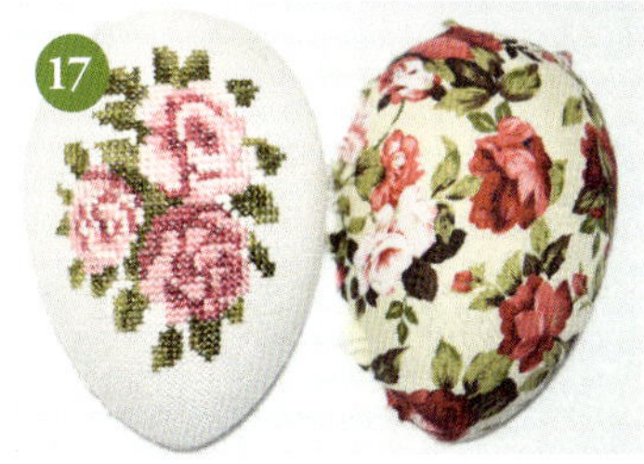

17

Maschen/Schleifen binden

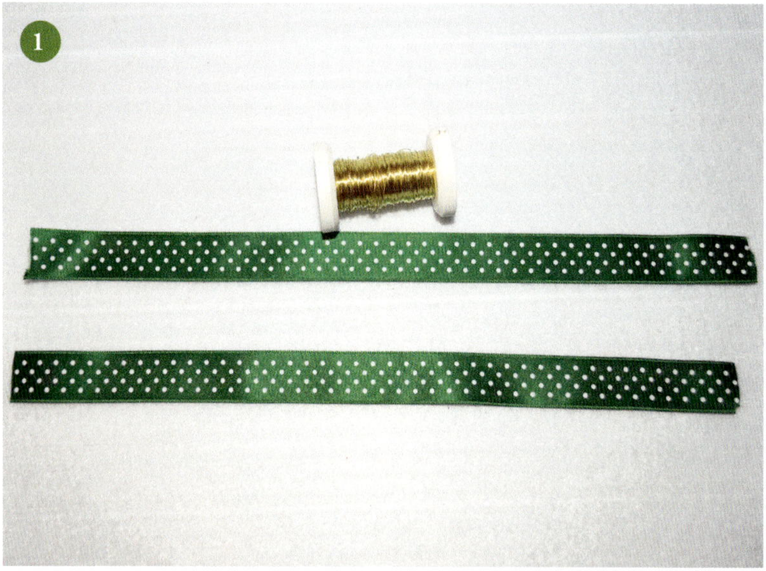

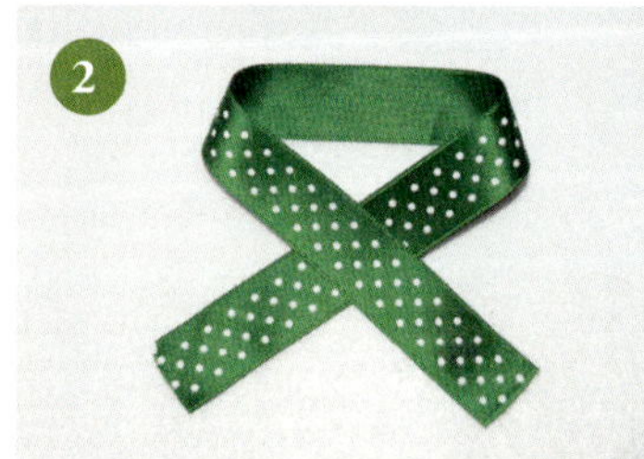

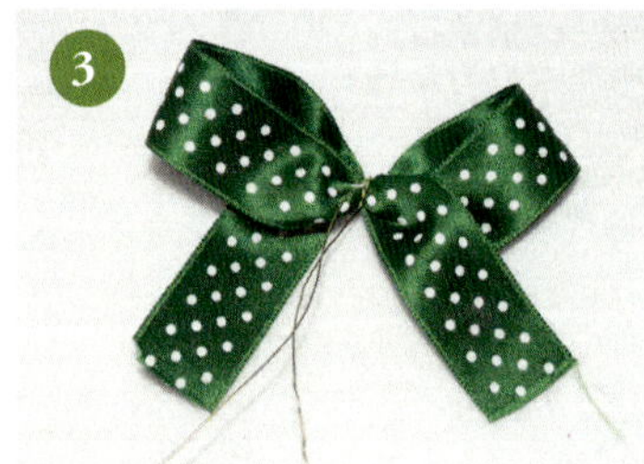

Technik 1

Ob Sie sich für eine kleine oder große Masche, eine Perle, eine Feder oder sonst eine Verzierung entscheiden, bleibt ganz Ihrer Fantasie und Ihrem Geschmack überlassen.

Wie überall, gibt es auch hier die unterschiedlichsten Techniken, wie Sie schöne Maschen/Schleifen binden können.

Hier werden 2 Techniken vorgestellt.

2 x ca. 30 cm vom Band abschneiden und 2 x 20 cm lange Drähte vorbereiten (grundsätzlich richtet sich die Länge vom Band nach seiner Breite) (Abb. 1).

Mit dem Band eine Schlaufe legen (Abb. 2).

Das Band in der Mitte zusammenfalten und mit dem Draht einige Male umwickeln (Abb. 3).

Die 2. Masche ebenso anfertigen.

Auf der Rückseite der Masche den Draht zusammendrehen, bis auf 1 cm wegschneiden und den Draht zur Masche drücken (Abb. 4).

Die Maschen rechts und links neben dem Aufhängeband mit Heißkleber ankleben (Abb. 5 u. 6).

Sie können Ihre Masche auch mit mehreren Bändern gestalten (Abb. 7–10).

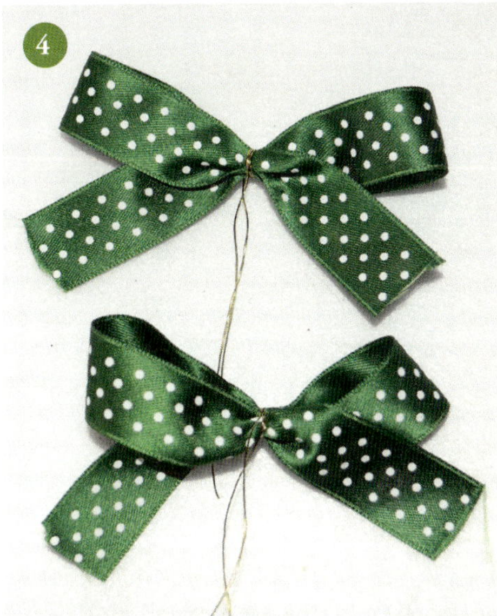
4

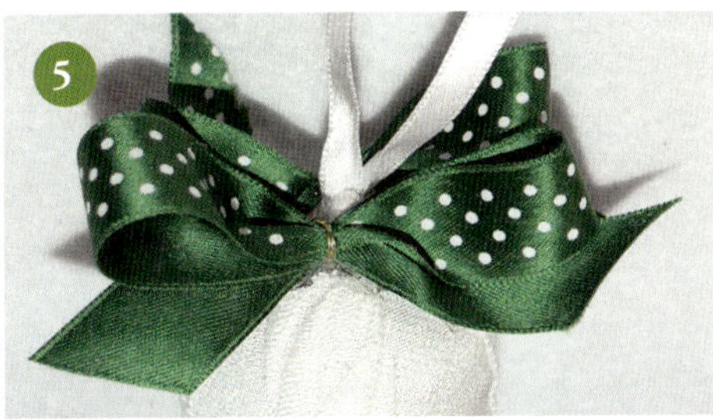
5

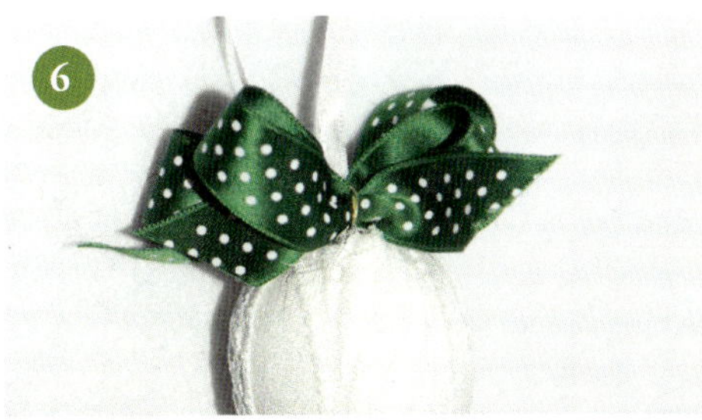
6

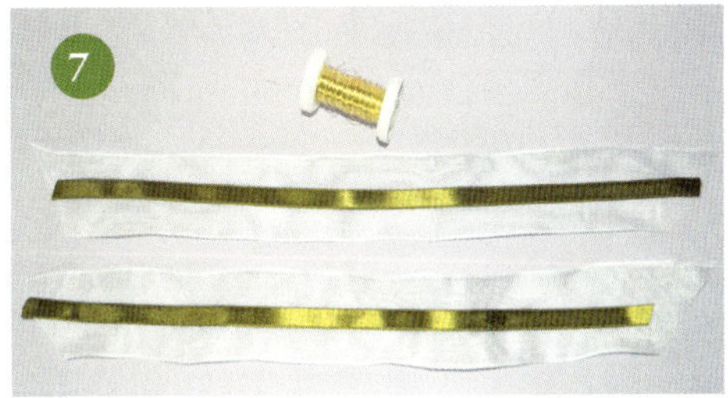
7

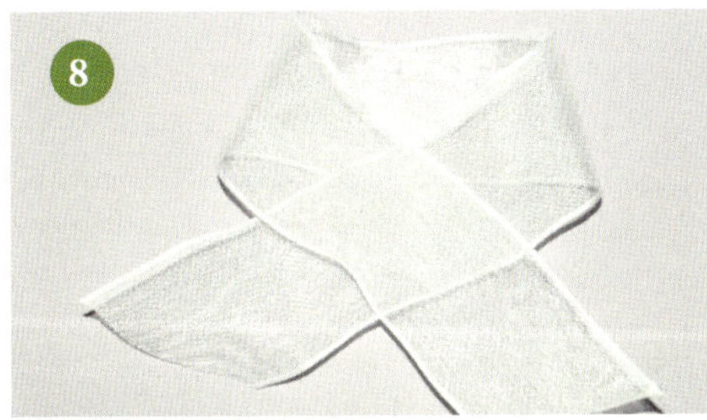
8

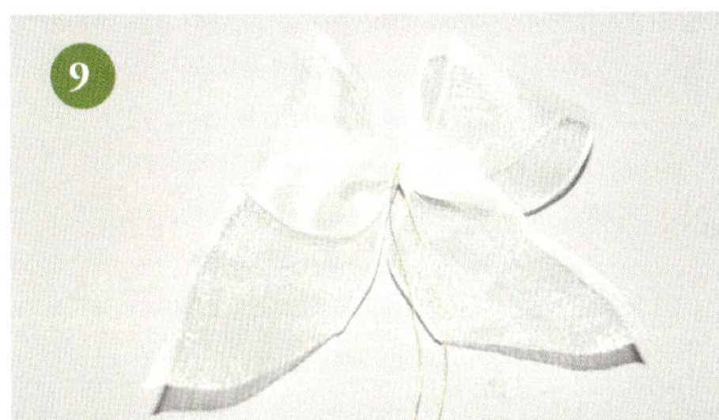
9

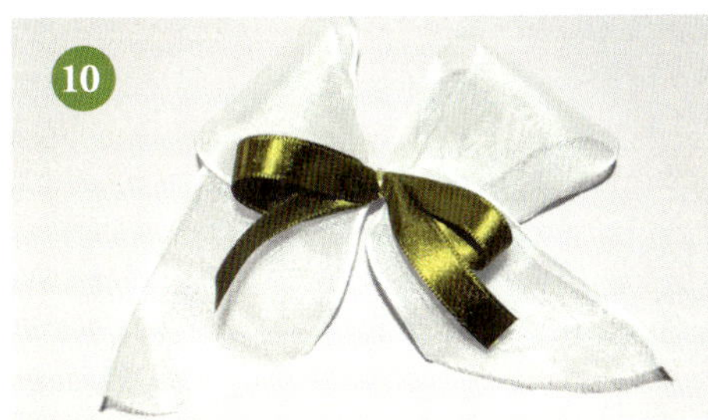
10

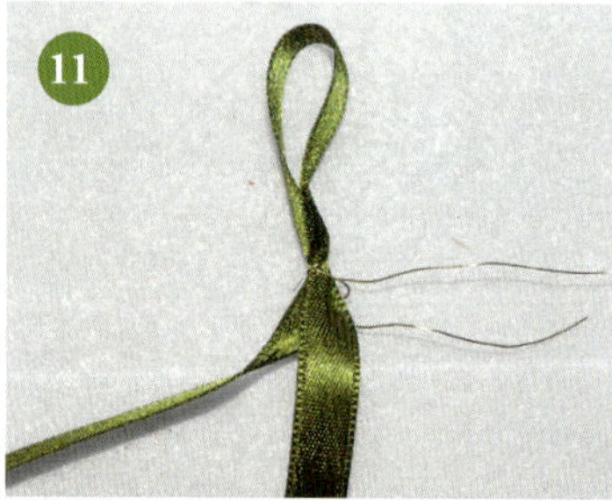

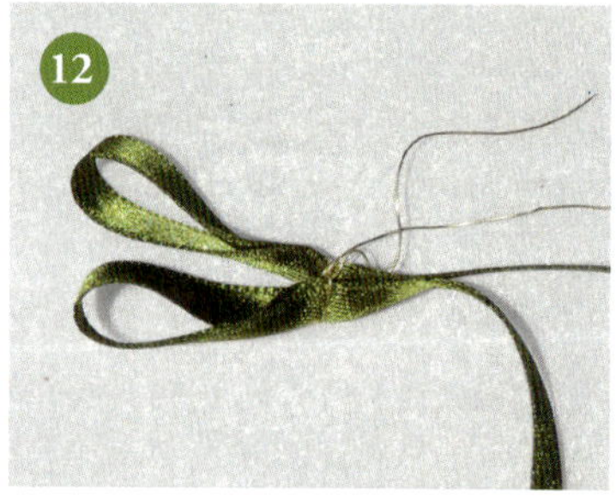

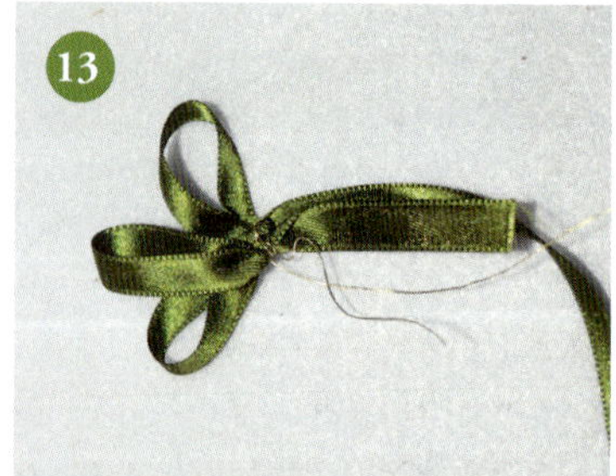

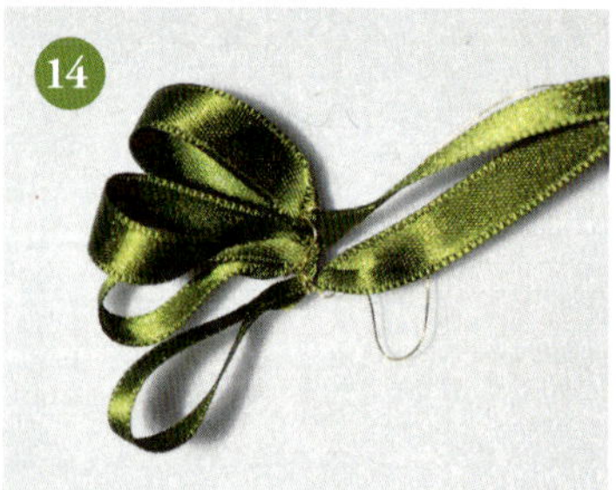

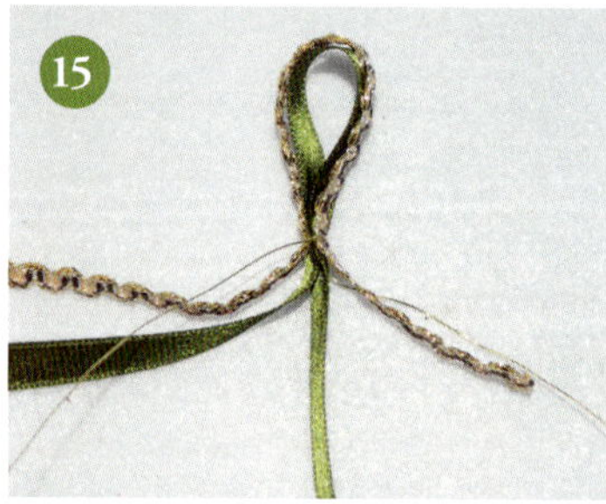

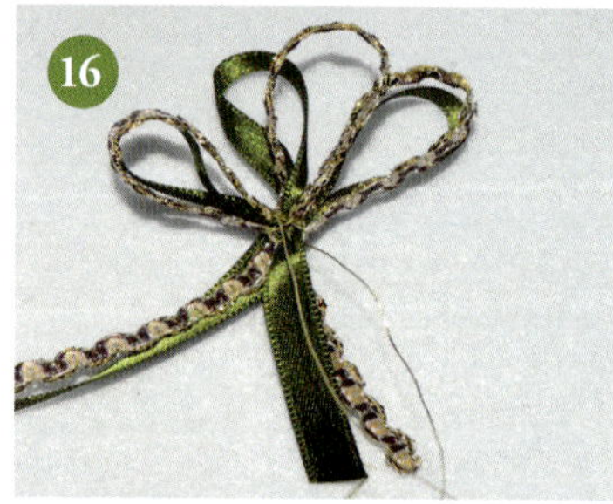

Technik 2

Grundsätzlich richtet sich die Länge vom Band nach seiner Breite und wie viele Schlaufen Sie machen möchten. Bei dieser Schleife hat das Band eine Breite von 15 mm und 7 Schlaufen.

2 x 60 cm vom Band abschneiden und 2 x 45 cm lange Drähte herrichten.

Eine Schlaufe von ca. 6 cm legen und bei 3 cm mit dem Draht 3 x abbinden (Abb. 11).

Eine 2. Schlaufe legen und wieder 1 x abbinden … (Abb. 12).

… so weiterarbeiten, bis die gewünschte Schlaufenzahl erreicht ist (in diesem Fall 7 Schlaufen) (Abb. 13 u. 14).

Diese Technik kann man auch mit 2 oder mehreren Bändern machen (Abb. 15 u. 16).

Die 2. Masche ebenso anfertigen.

Auf der Rückseite der Masche den Draht zusammendrehen, bis auf 1 cm wegschneiden und den Draht zur Masche drücken. Die Maschen rechts und links neben dem Aufhängeband mit Heißkleber ankleben (Abb. 17).

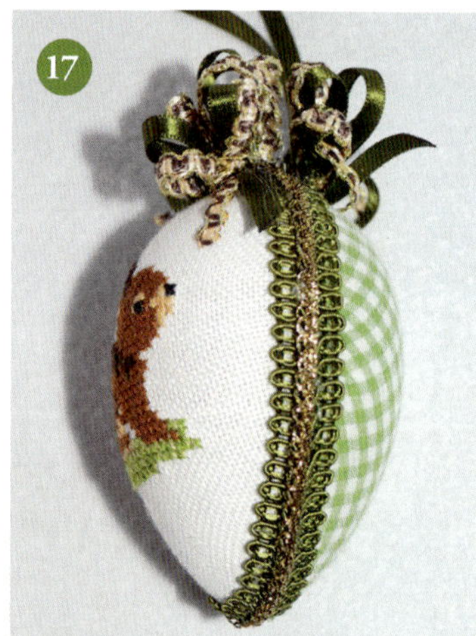

Kreuzstich Vorlagen

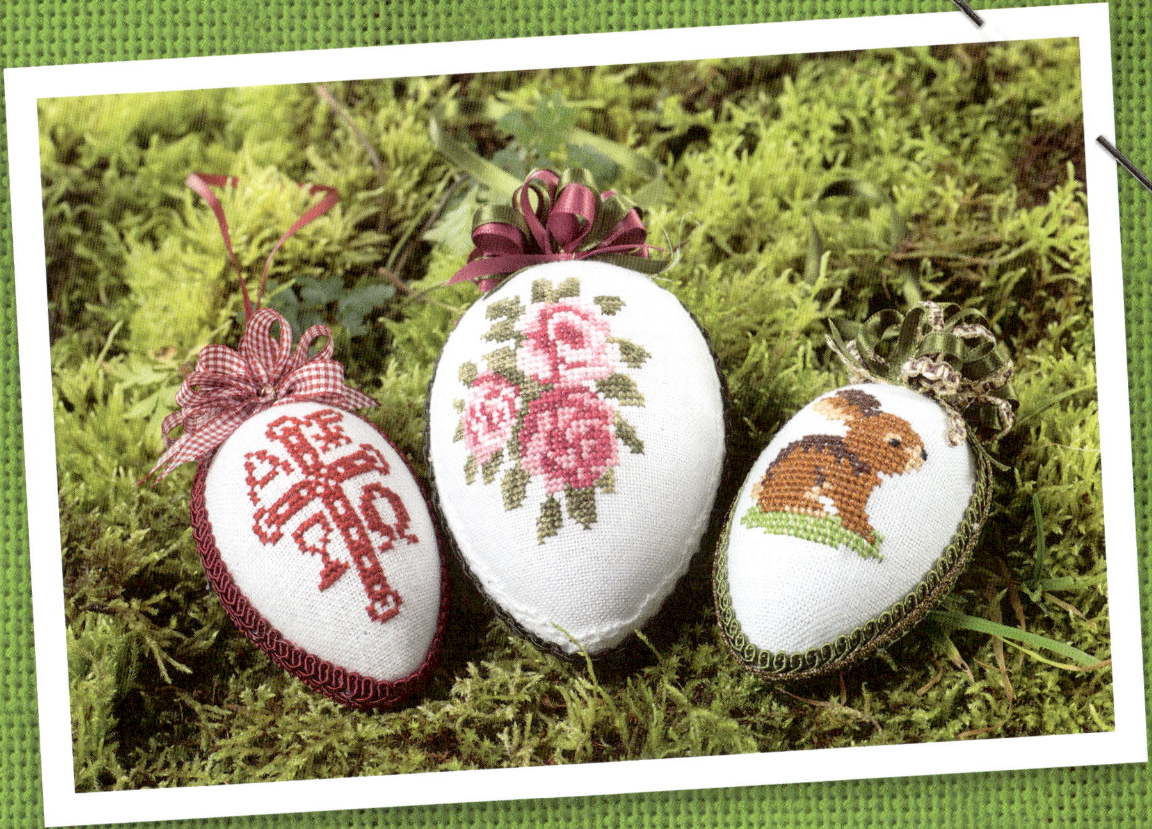

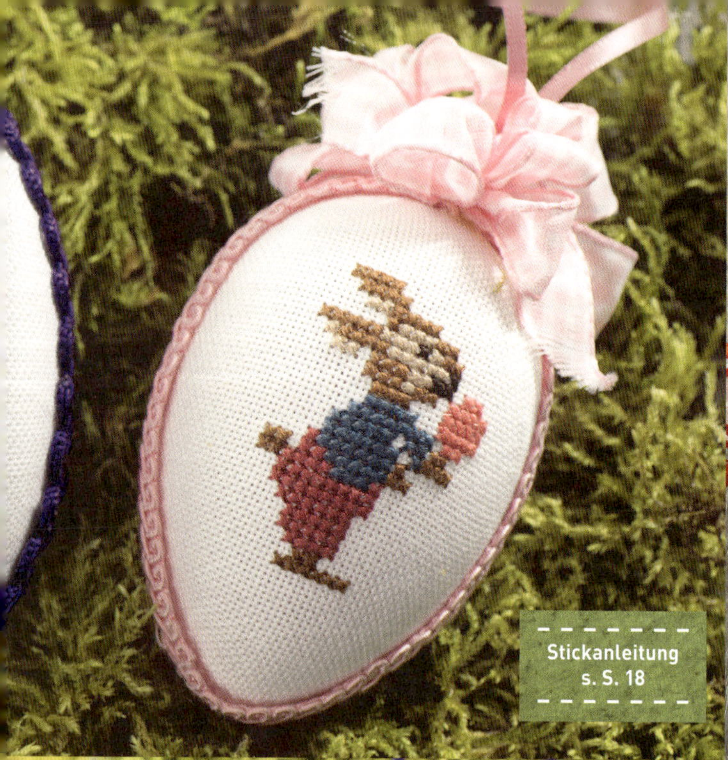

Stickanleitung
s. S. 18

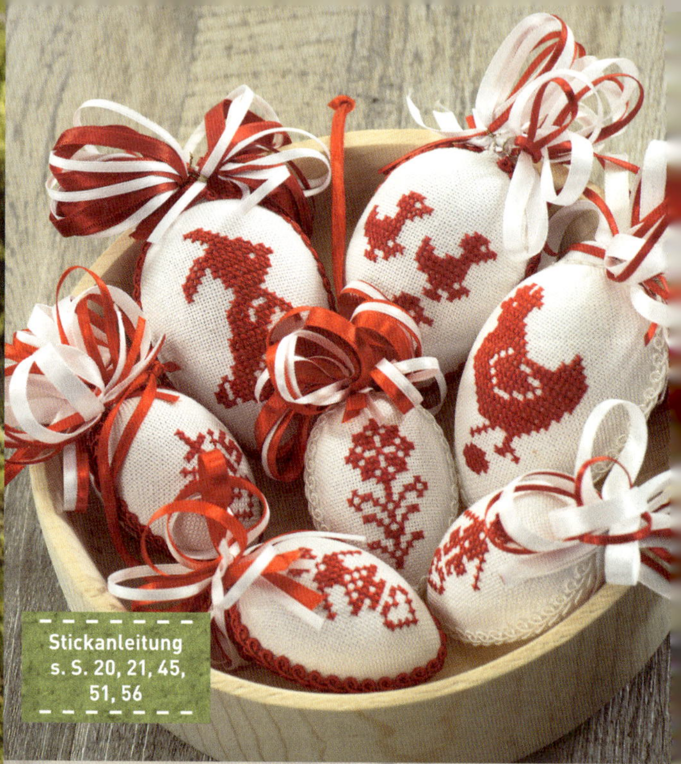

Stickanleitung
s. S. 20, 21, 45, 51, 56

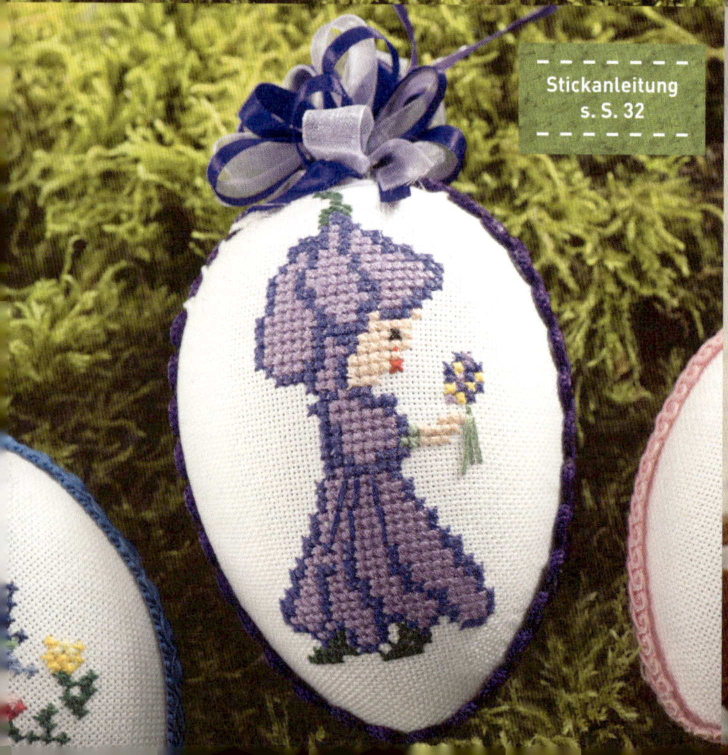

Stickanleitung
s. S. 32

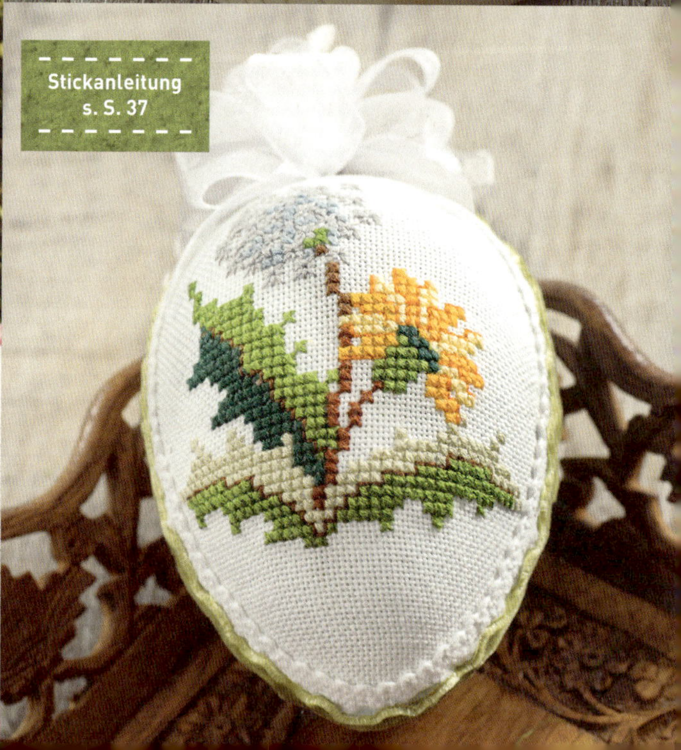

Stickanleitung
s. S. 37

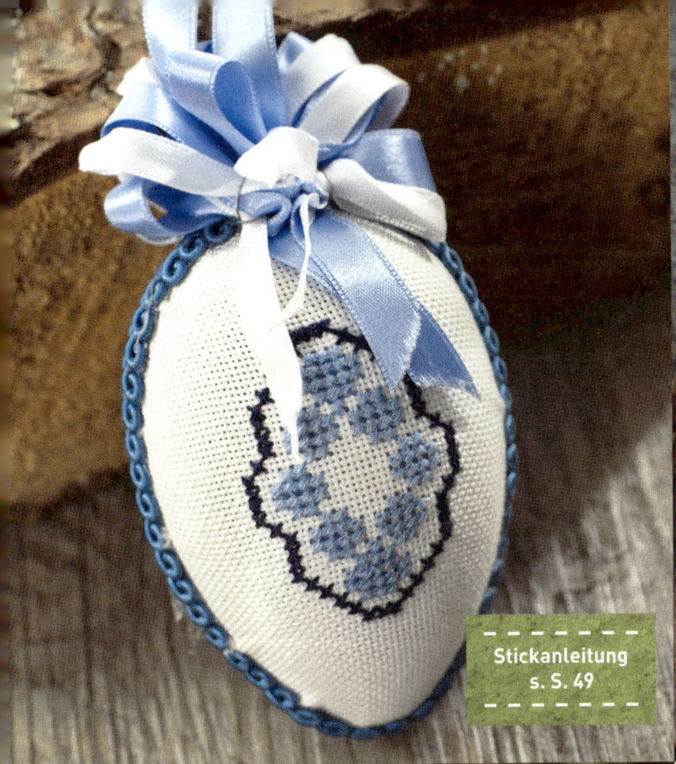

Stickanleitung
s. S. 49

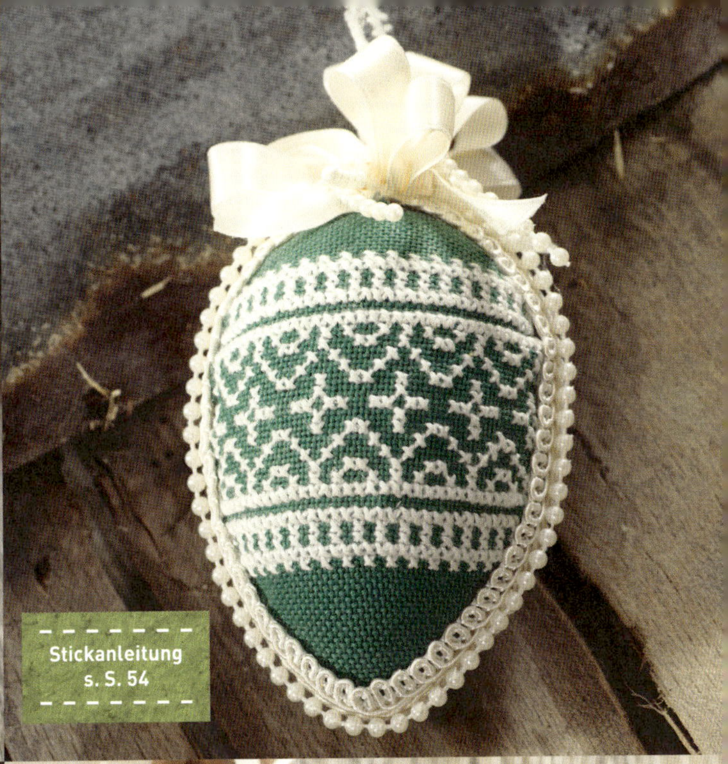

Stickanleitung
s. S. 54

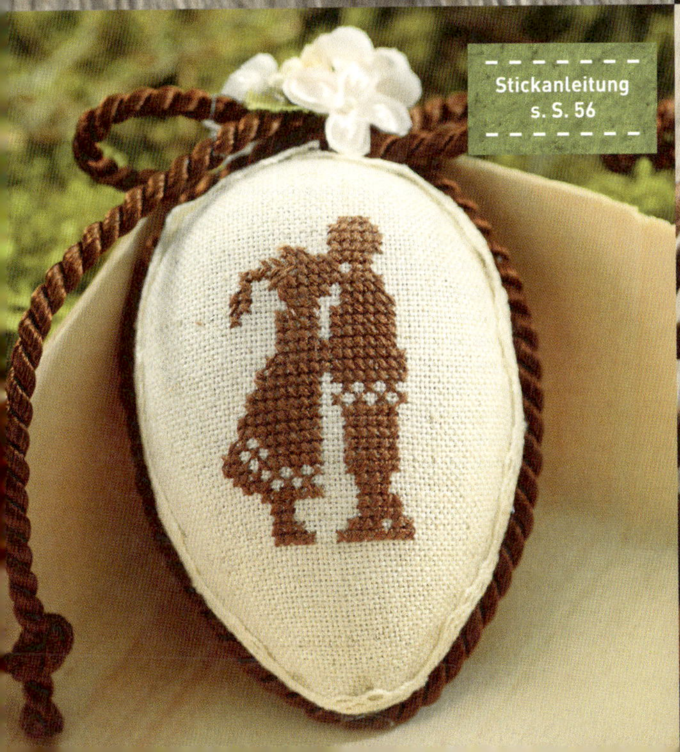

Stickanleitung
s. S. 56

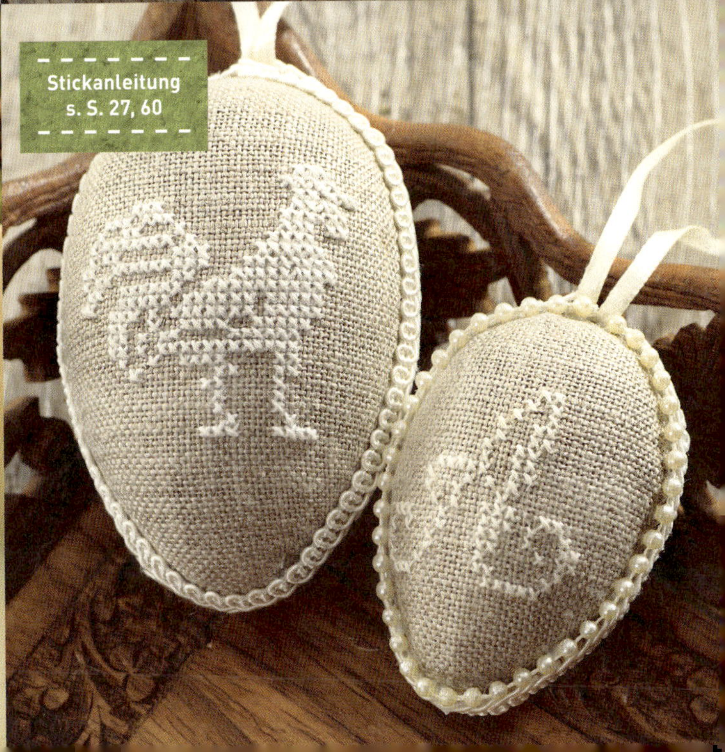

Stickanleitung
s. S. 27, 60

Osterhasen, bunt

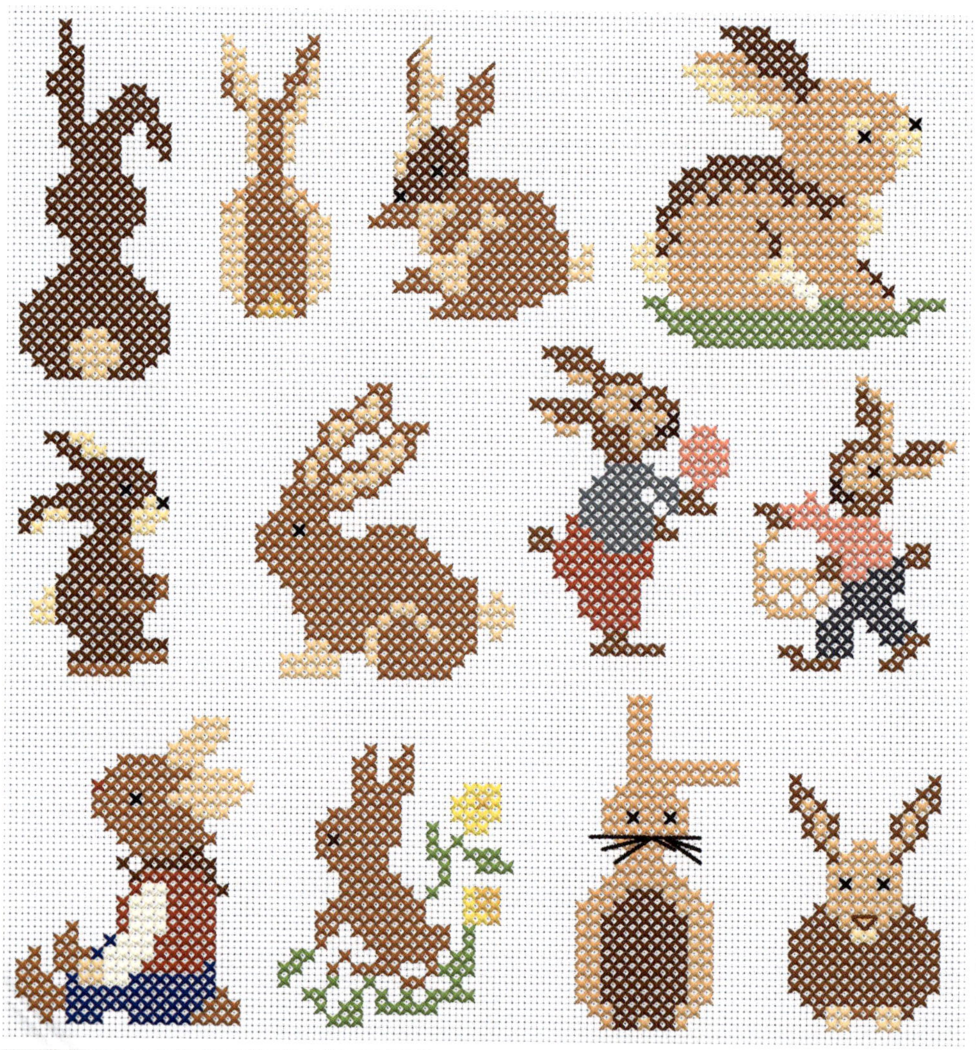

Farbe	Bestell-nummer
	360
	367
	47
	143
	349
	1023
	361
	926
	347
	1025
	238
	368
	370
	403
	851
	357
	779
	306
	298
	349
	367
	370
	403

Küken, bunt

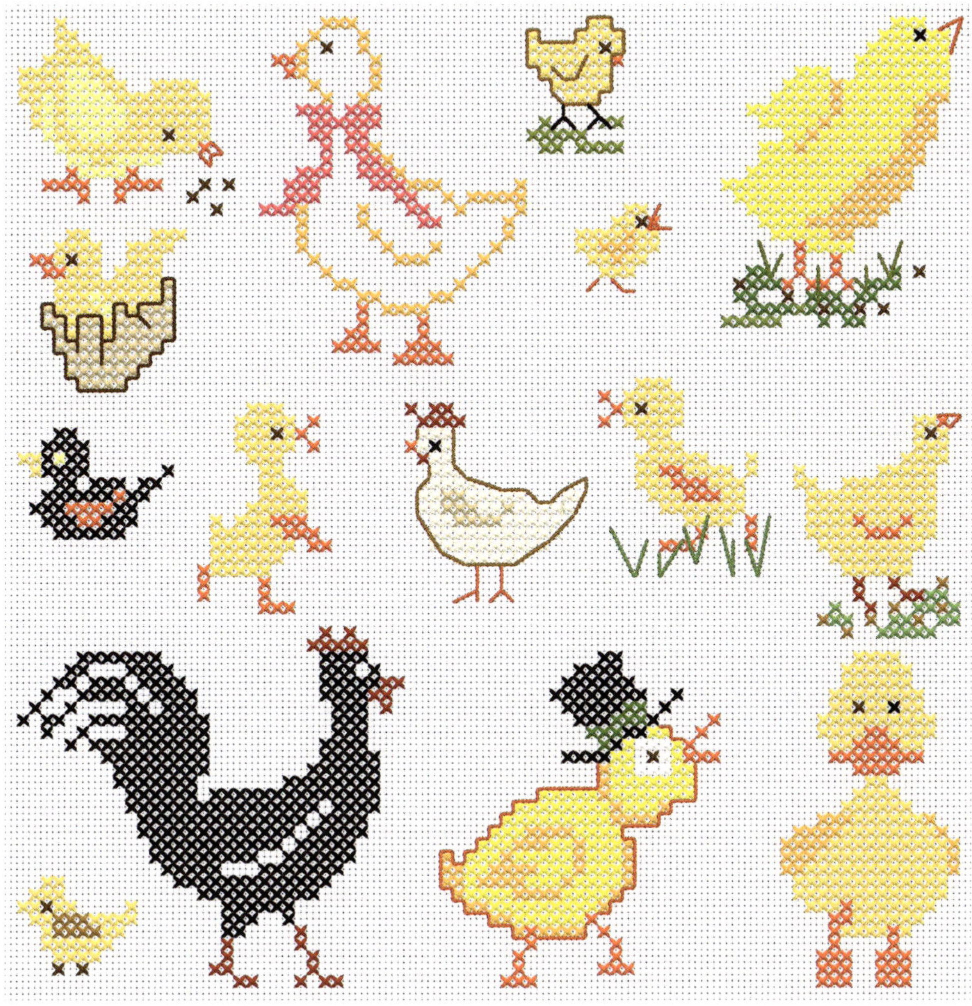

Farbe	Bestell-nummer
	47
	57
	2
	889
	956
	926
	11
	291
	303
	239
	403
	225
	901
	293
	255
	302
	255
	11
	889
	403
	926
	225
	901

Osterhasen, einfarbig

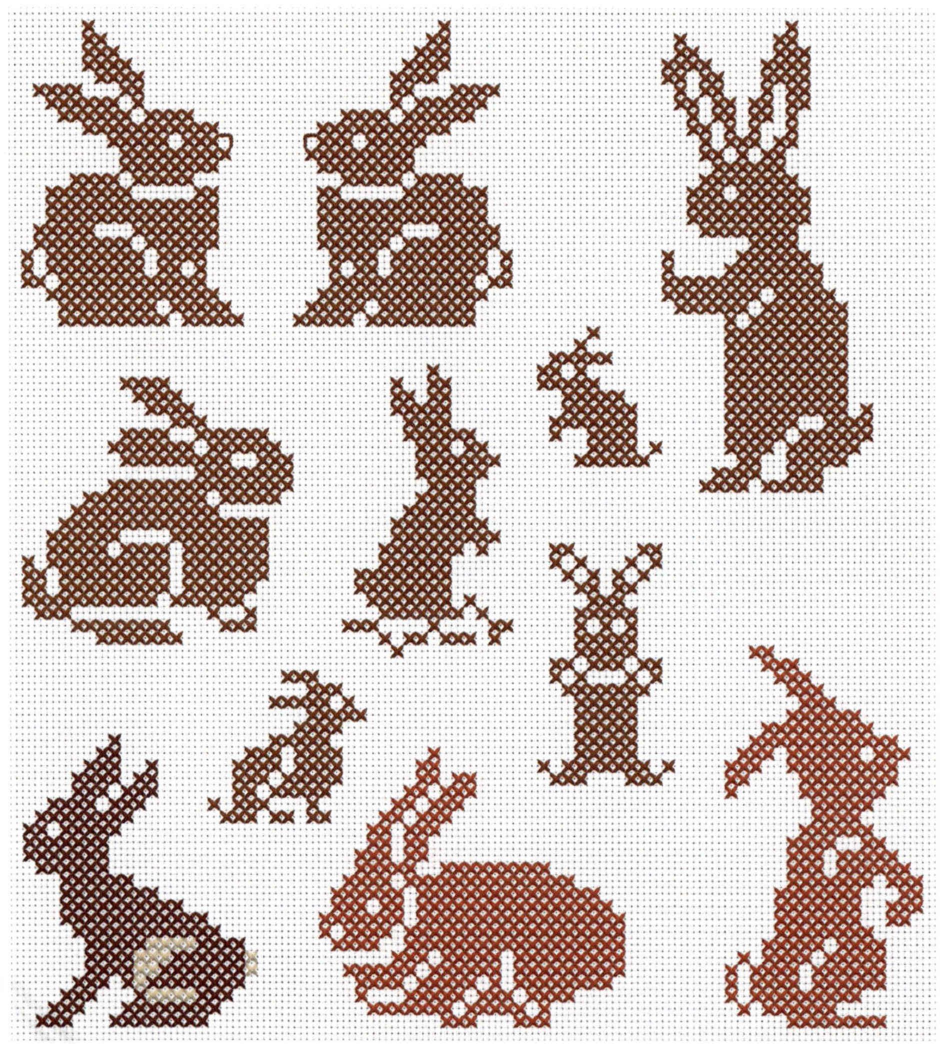

Farbe	Bestell-nummer
	351
	47
	45
	388
	351

Hühner und Küken, einfarbig

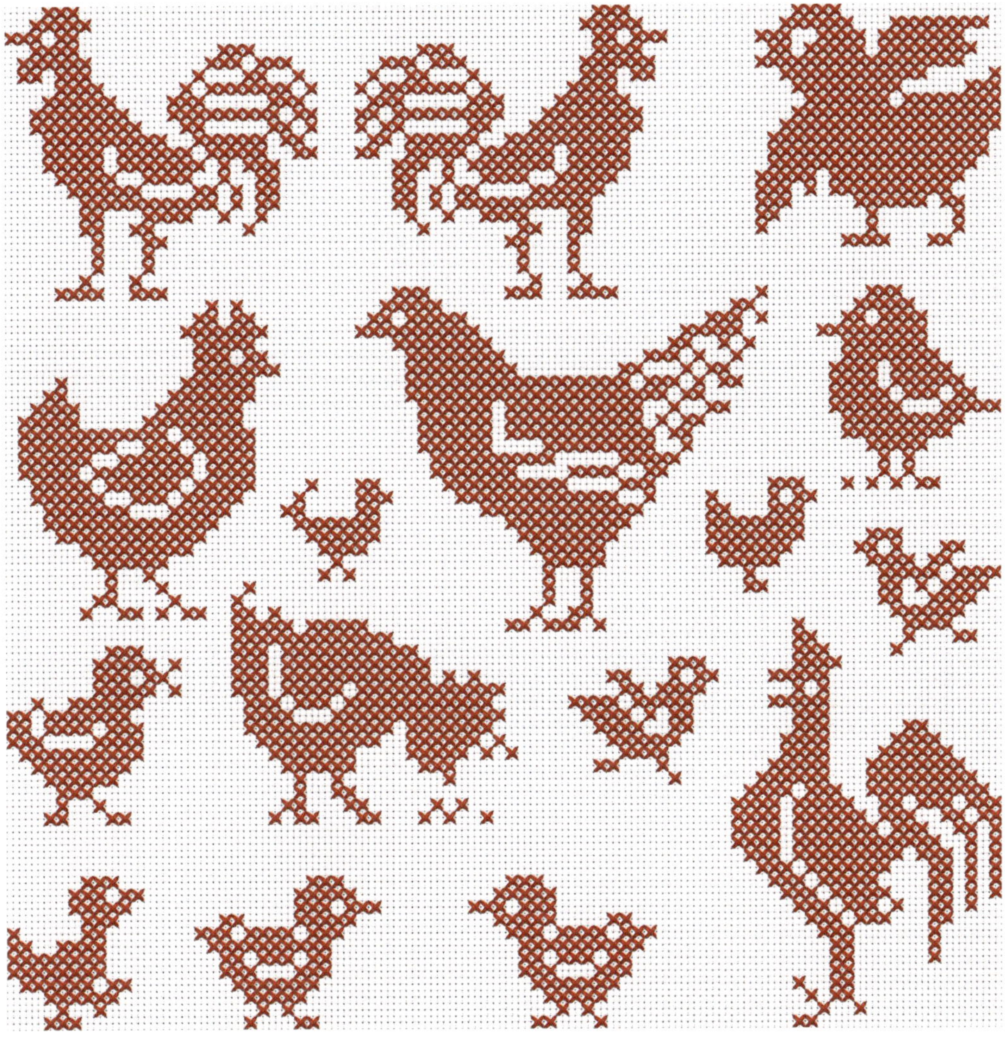

Kleine Tiere, bunt

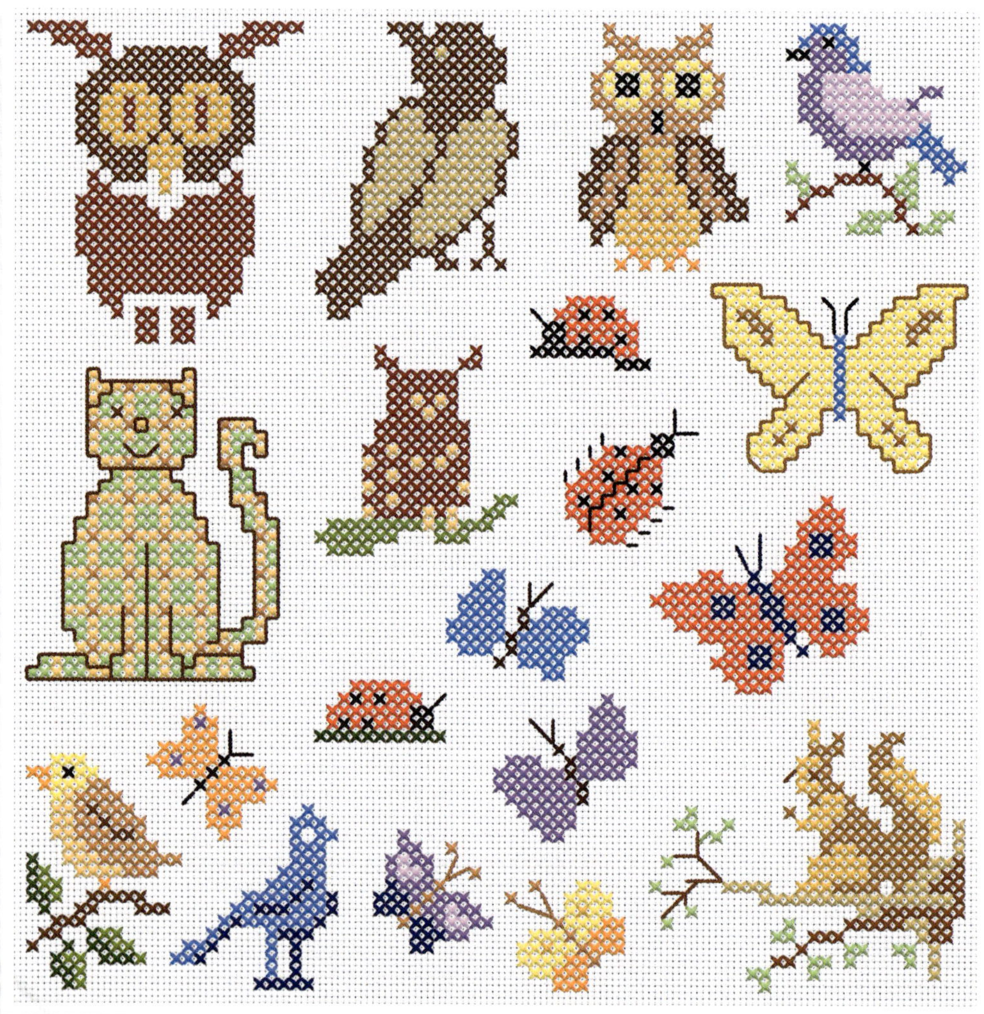

Farbe	Bestell-nummer
	369
	360
	46
	108
	358
	241
	20
	887
	256
	134
	110
	1089
	365
	370
	403
	362
	306
	302
	314
	245
	365
	360
	134
	241
	403
	369
	370
	358

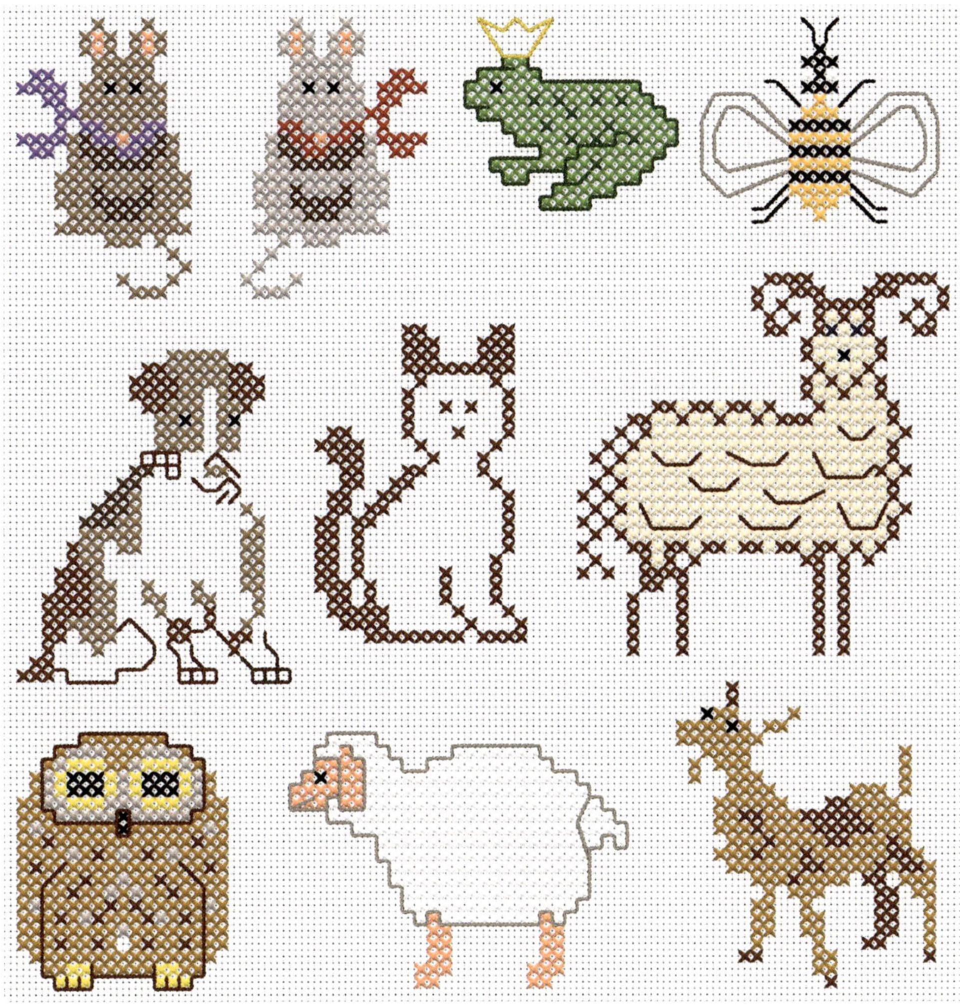

Farbe	Bestell-nummer
	226
	47
	2
	162
	9575
	110
	232
	228
	1086
	303
	403
	1036
	357
	901
	1084
	298
	357
	1086
	403
	228
	232
	298

Kleine Tiere, einfarbig

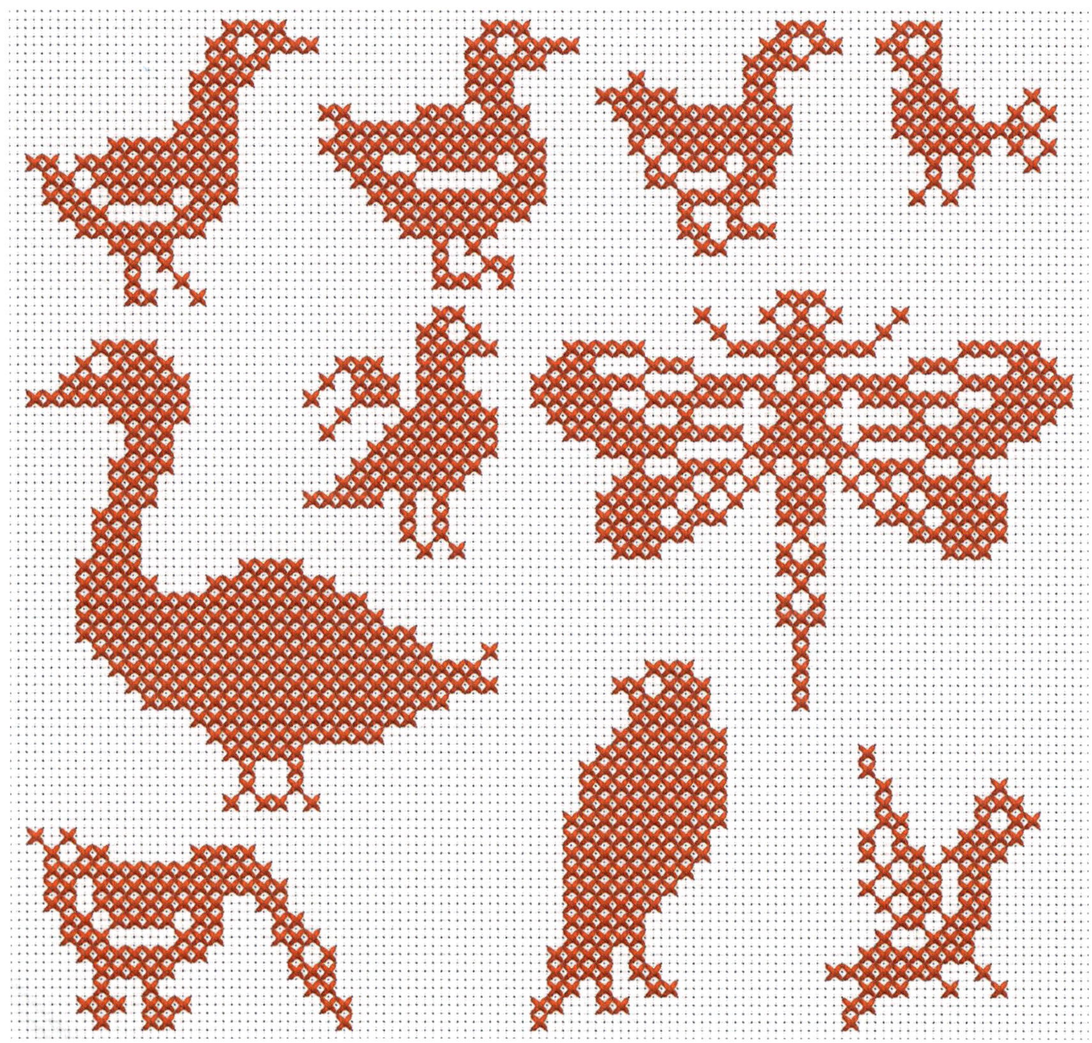

Schmetterlinge

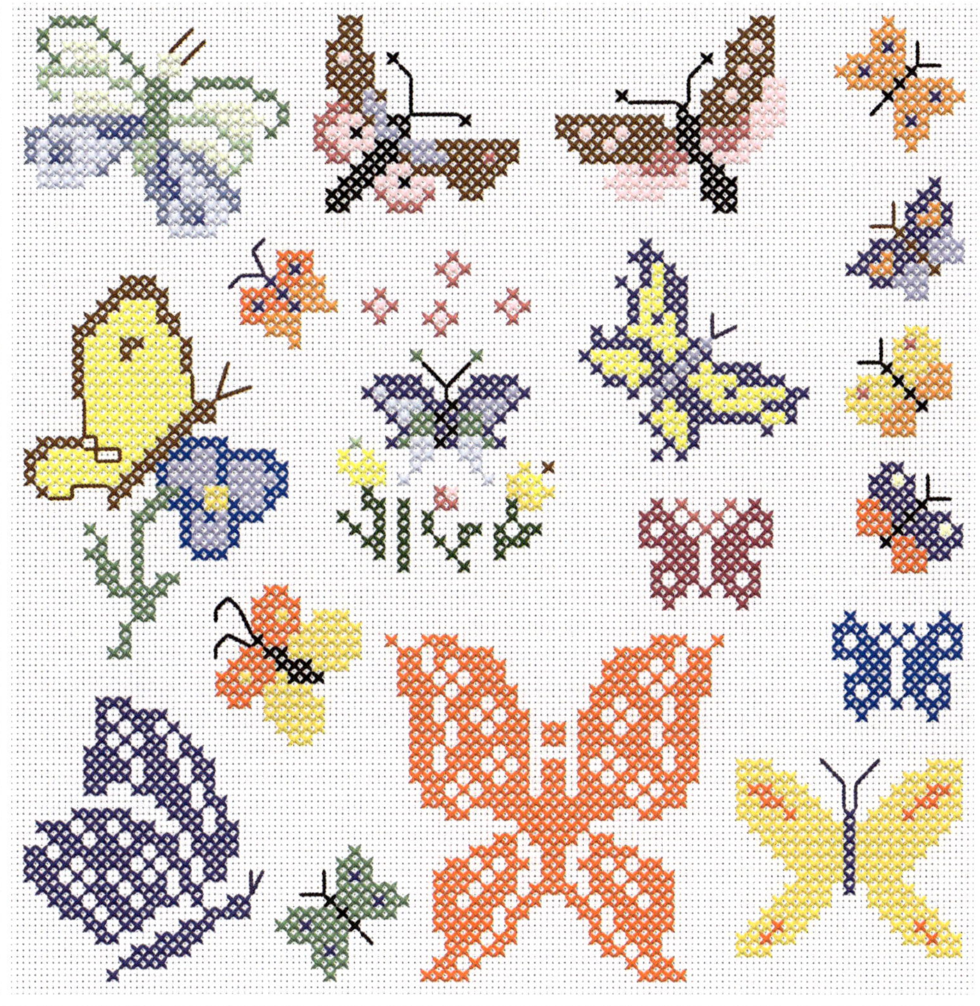

Farbe	Bestell-nummer
	332
	89
	159
	129
	410
	205
	310
	213
	73
	76
	203
	292
	291
	119
	228
	146
	304
	403
	161
	290
	298
	119
	310
	403

Hirsch & Co.

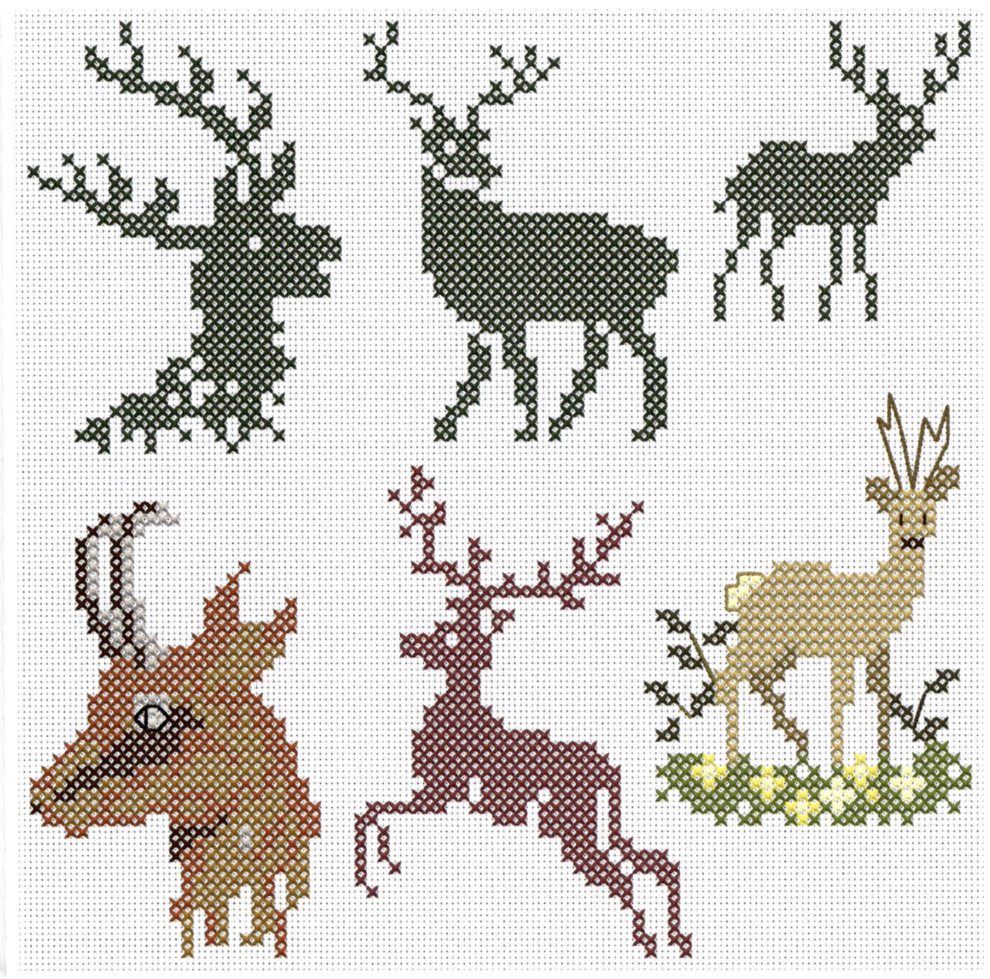

Farbe	Bestell-nummer
	359
	887
	256
	906
	297
	262
	234
	972
	339
	888
	217
	300
	901
	398
	403
	280
	888
	887
	262
	906

Hahn,
groß

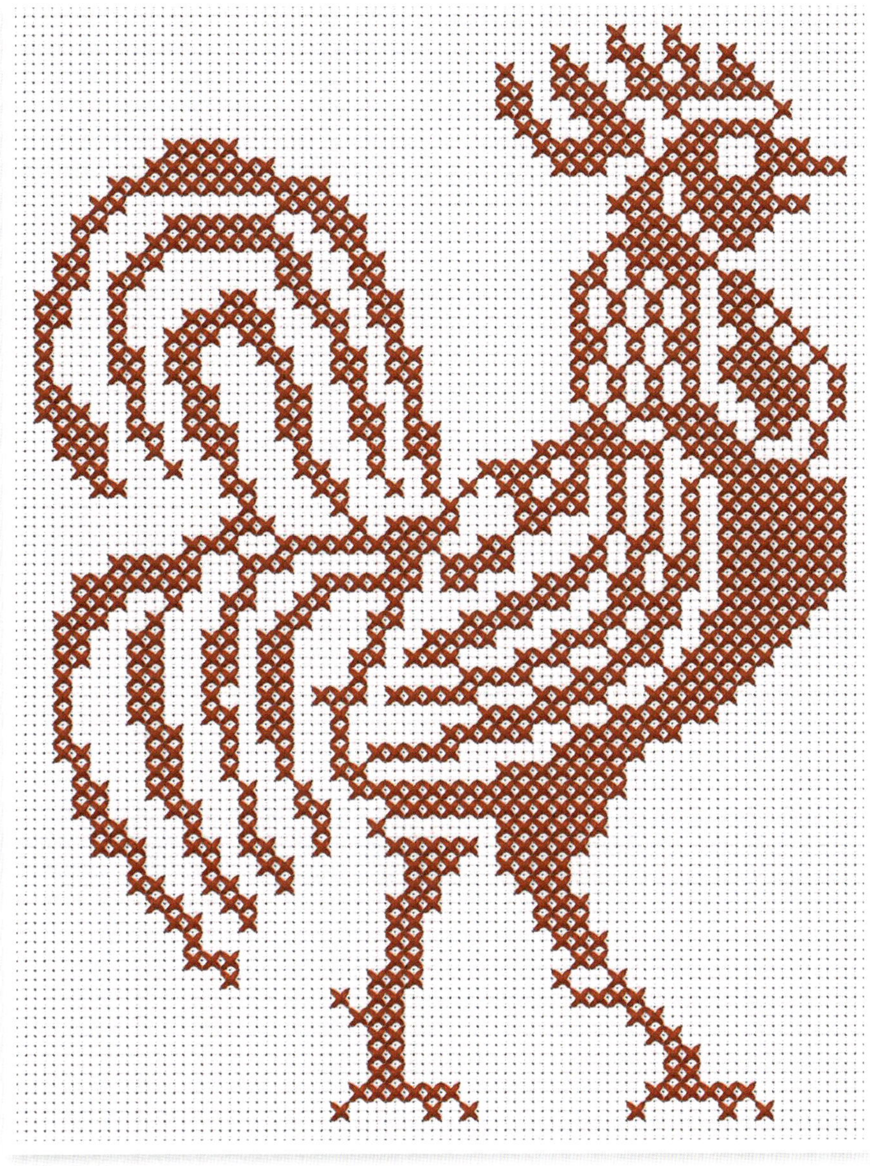

Schräge Vögel

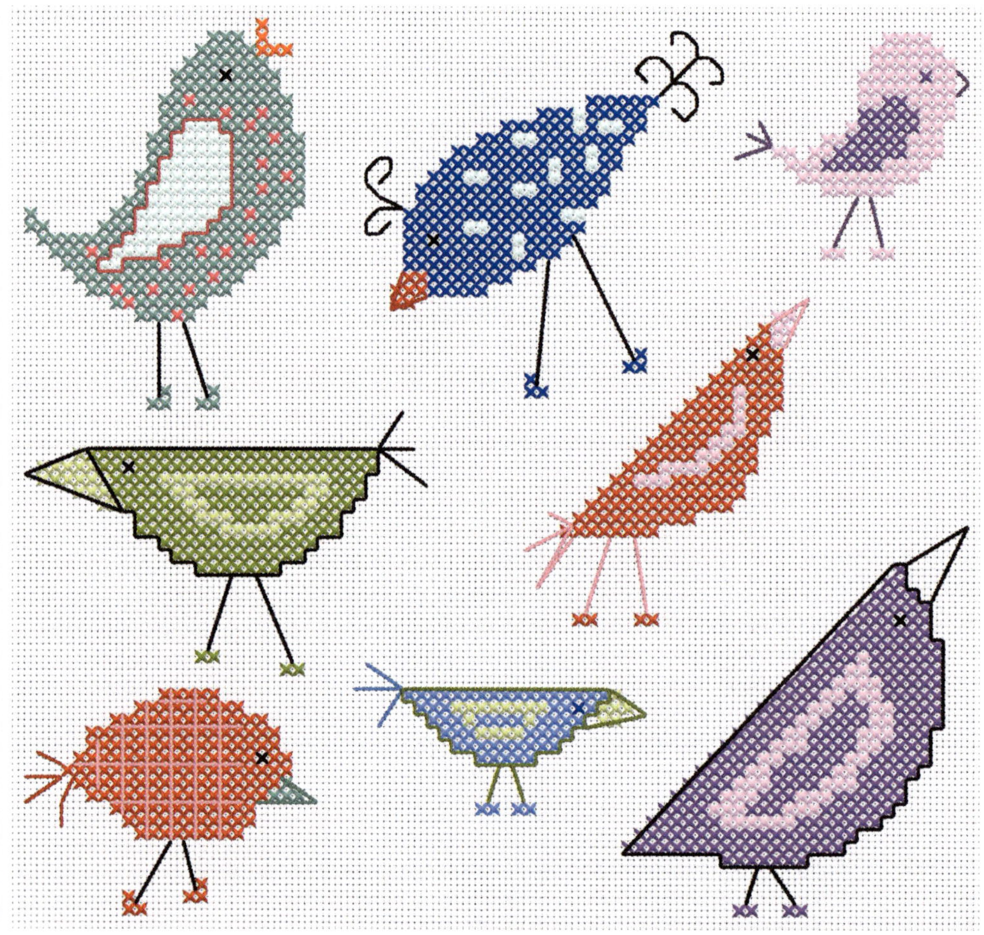

Farbe	Bestell-nummer
	332
	57
	410
	264
	110
	187
	342
	433
	403
	1092
	255
	9046
	265
	255
	1094
	187
	110
	403
	9046
	433
	57

Hühner und Osterhasen

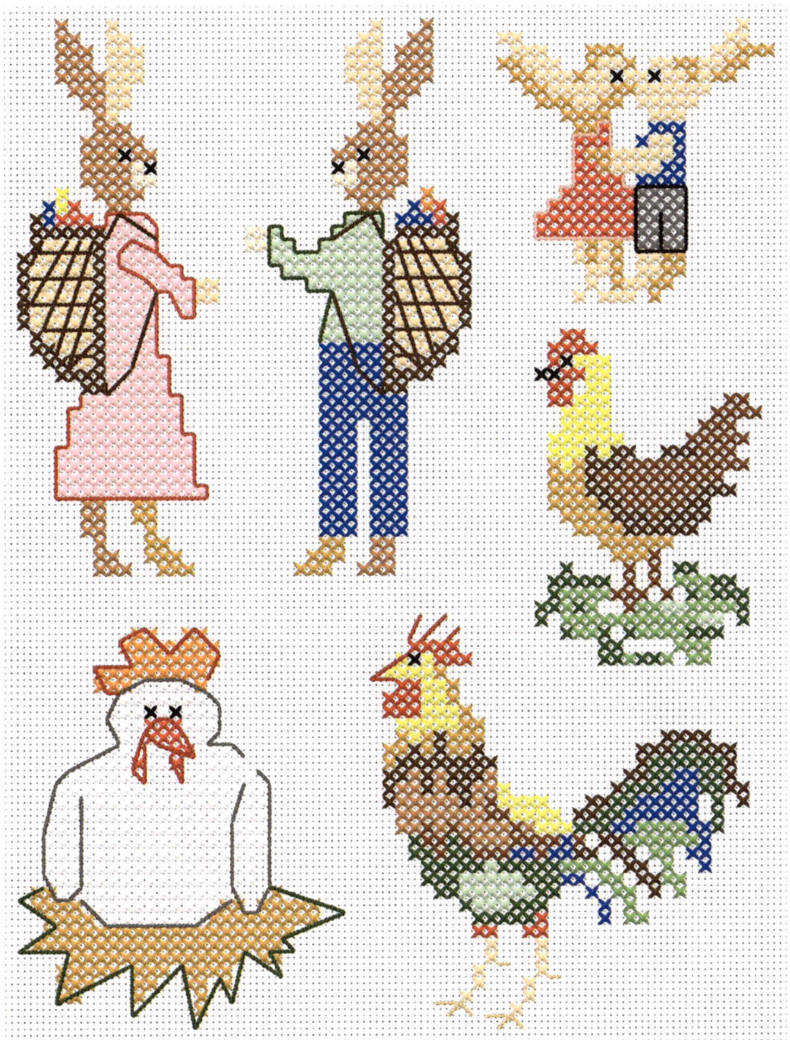

Farbe	Bestell-nummer	Farbe	Bestell-nummer
	369		403
	307		9046
	2		228
	206		24
	410		235
	29		
	297		
	366		
	291		
	228		
	304		
	387		
	370		
	403		
	235		
	225		
	24		
	1050		
	9046		
	366		
	29		
	1050		

Vogerl, bunt

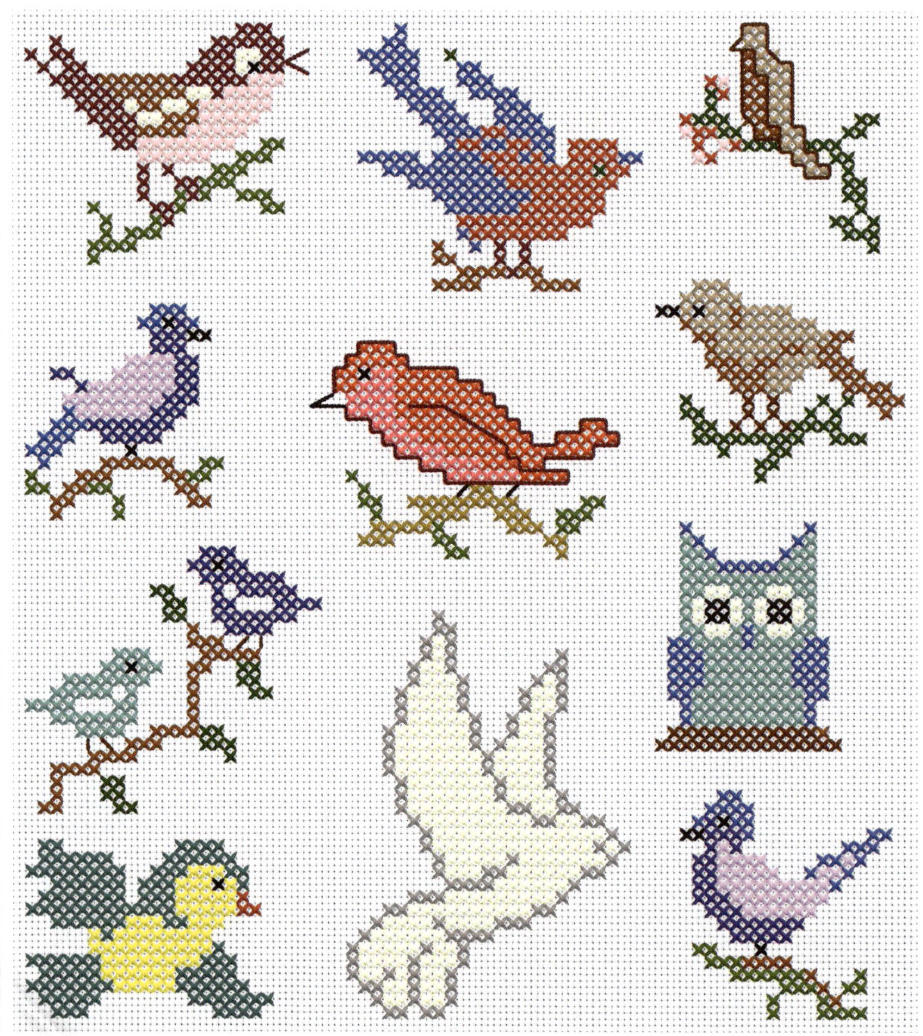

Farbe	Bestell-nummer
	386
	188
	258
	108
	57
	297
	1025
	1082
	187
	355
	119
	146
	399
	403
	357
	907
	9046
	245
	1029
	49
	1029
	357
	403

Vogerl, einfarbig

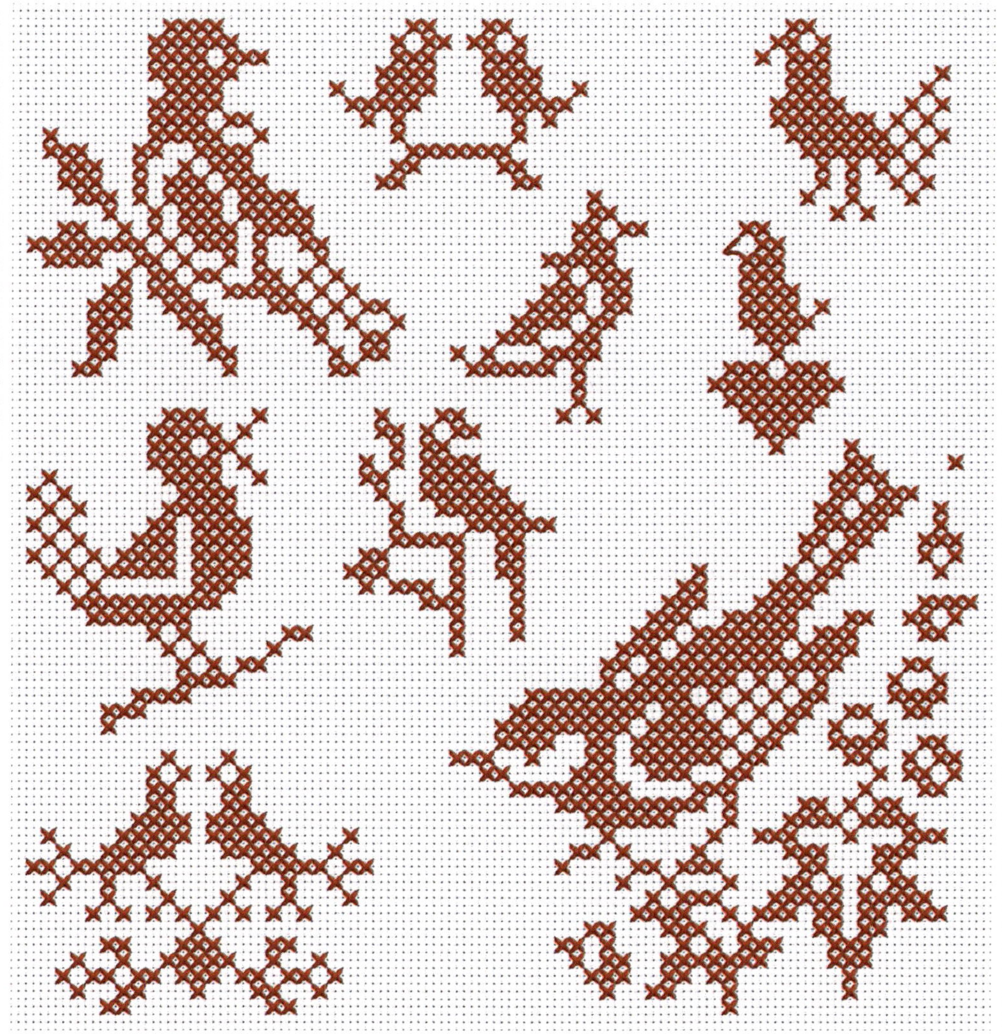

Blumenkinder

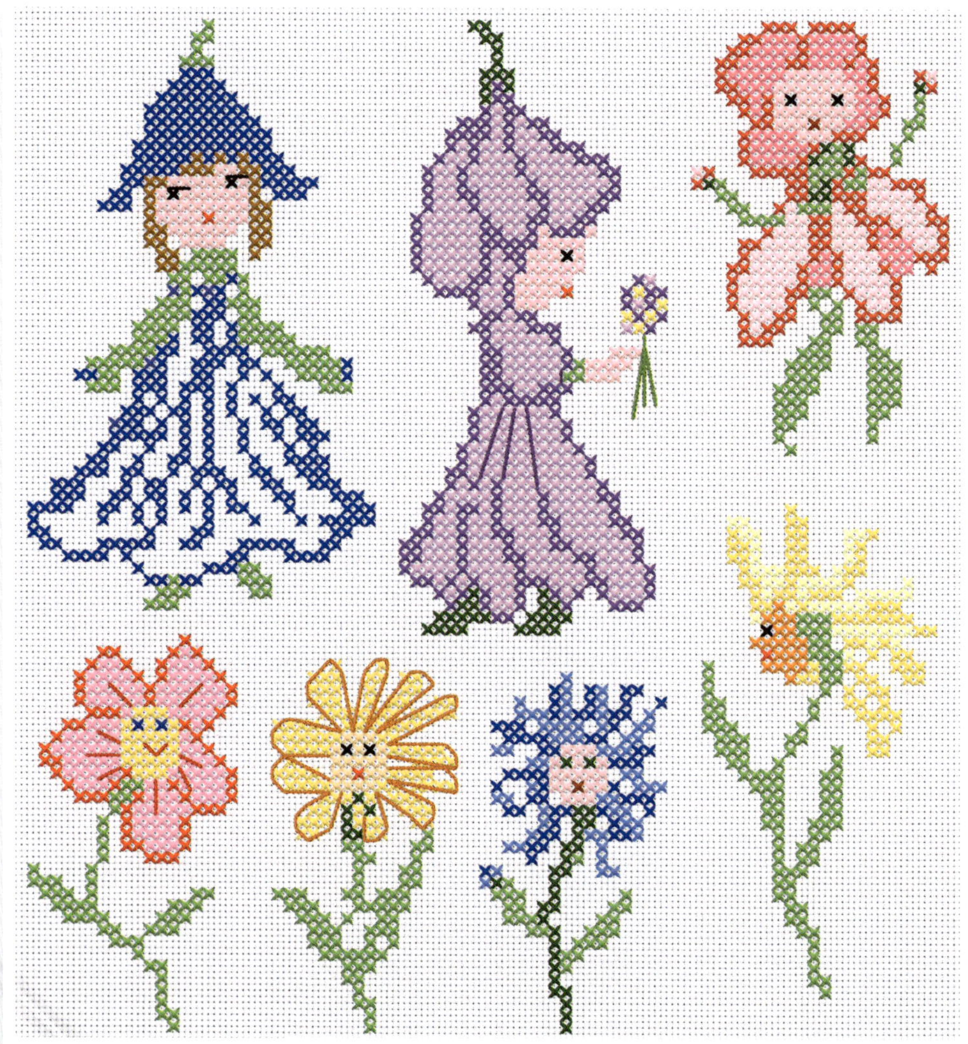

Farbe	Bestell-nummer
	1098
	108
	308
	23
	410
	29
	366
	110
	1004
	26
	228
	304
	131
	433
	403
	300
	225
	24
	1094
	302
	403
	1098
	304
	110
	225

Bestell-nummer	226	369	47	205	410	366	110	355	28	304	303	305	342	1090	229	403	357	130	6	68	137	289	226	47	68	205	403	335	229
Farbe																													

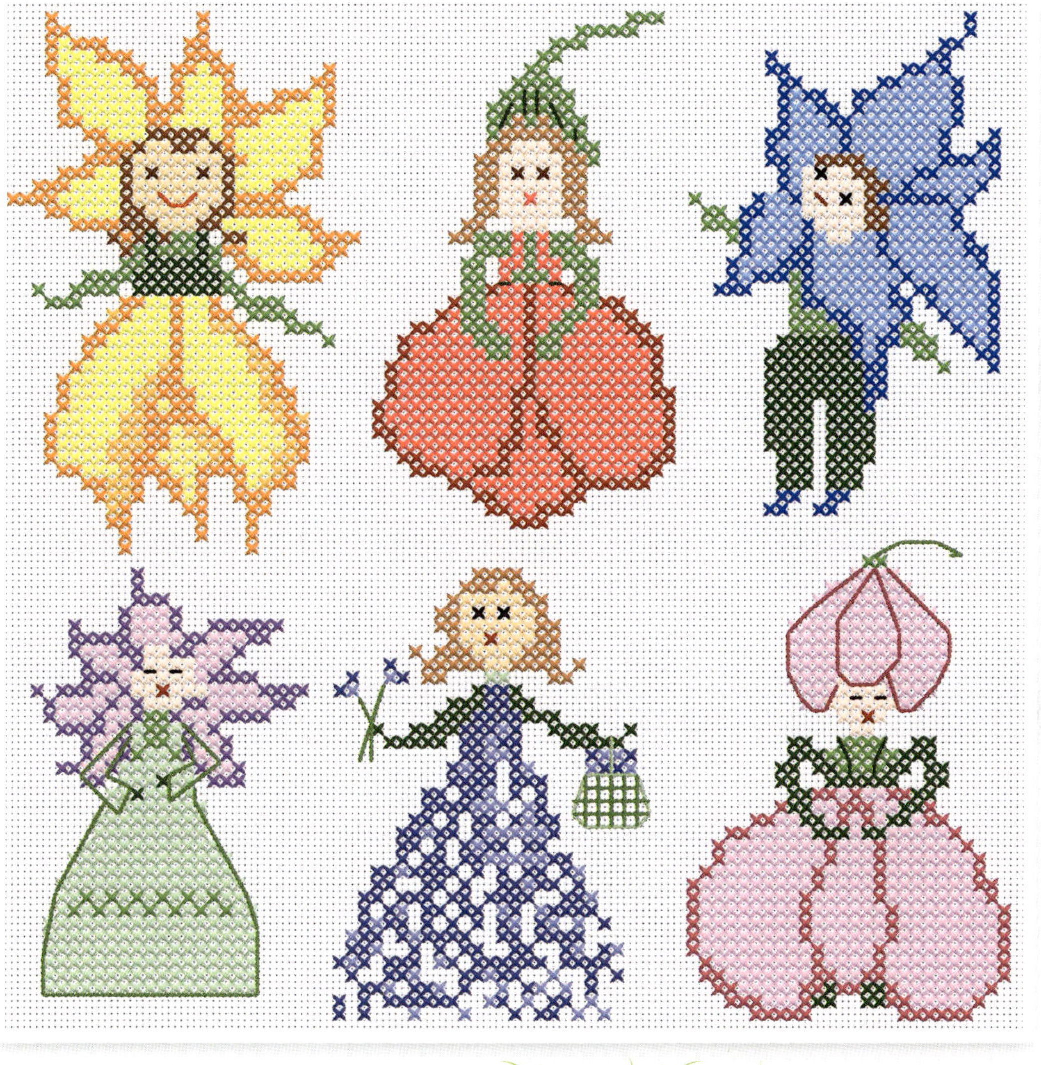

Veilchen

Bestell-nummer	108	256	110	112	254	303	263	239	100	344	255	245	256
Farbe													

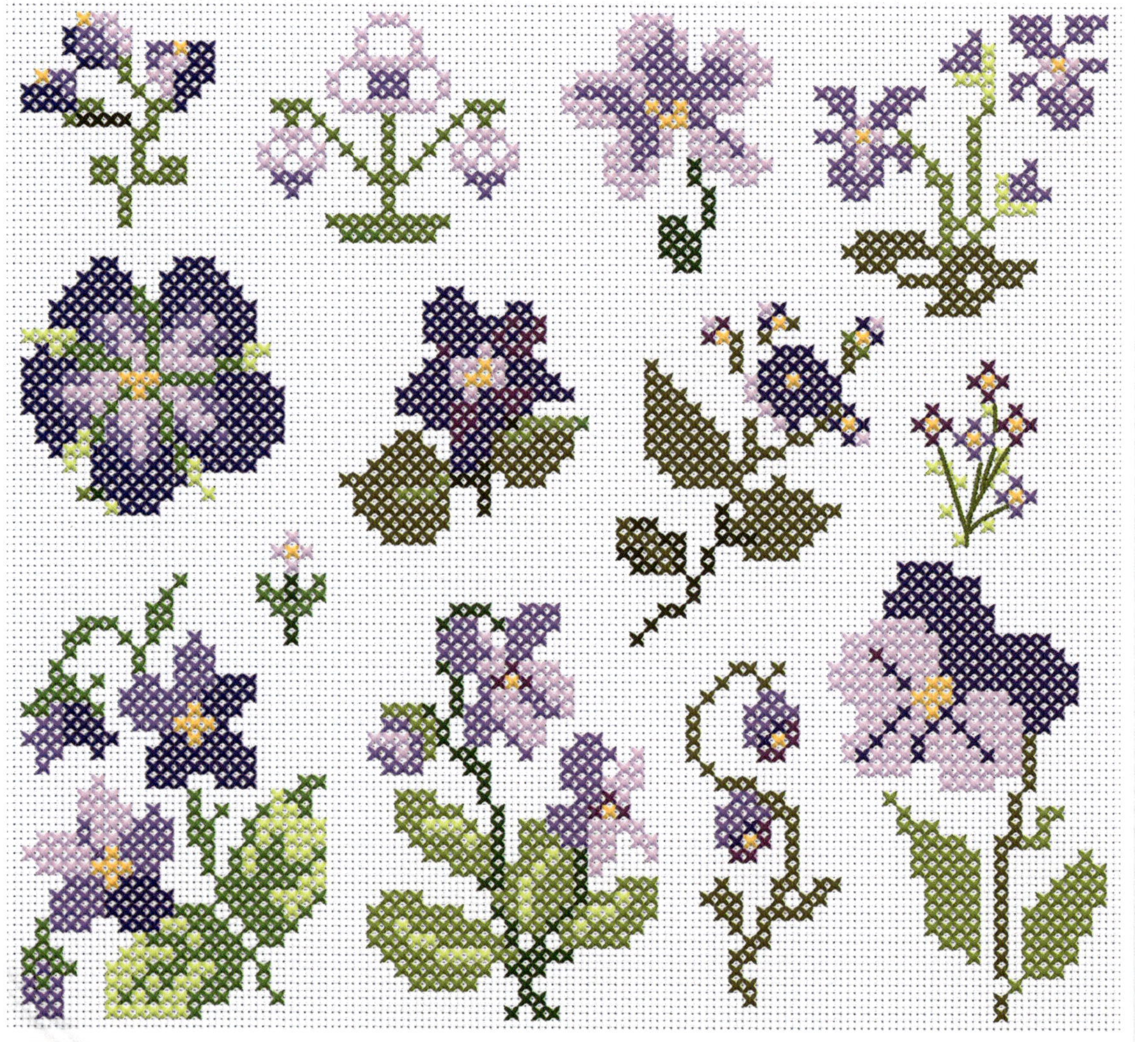

Kleine Blumen, bunt

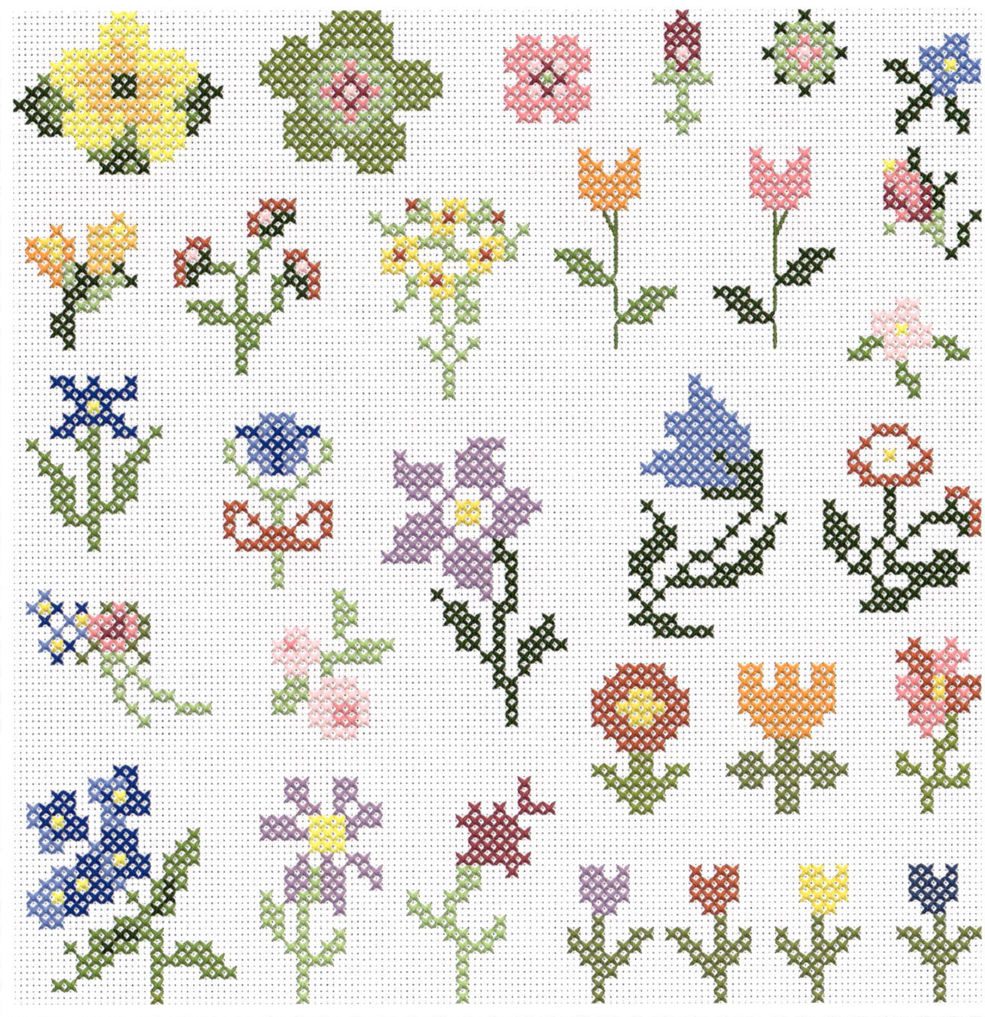

Farbe	Bestell-nummer
	241
	89
	109
	410
	39
	297
	169
	238
	303
	433
	298
	255
	75
	266
	314
	245
	49
	238
	245

Blumen, bunt

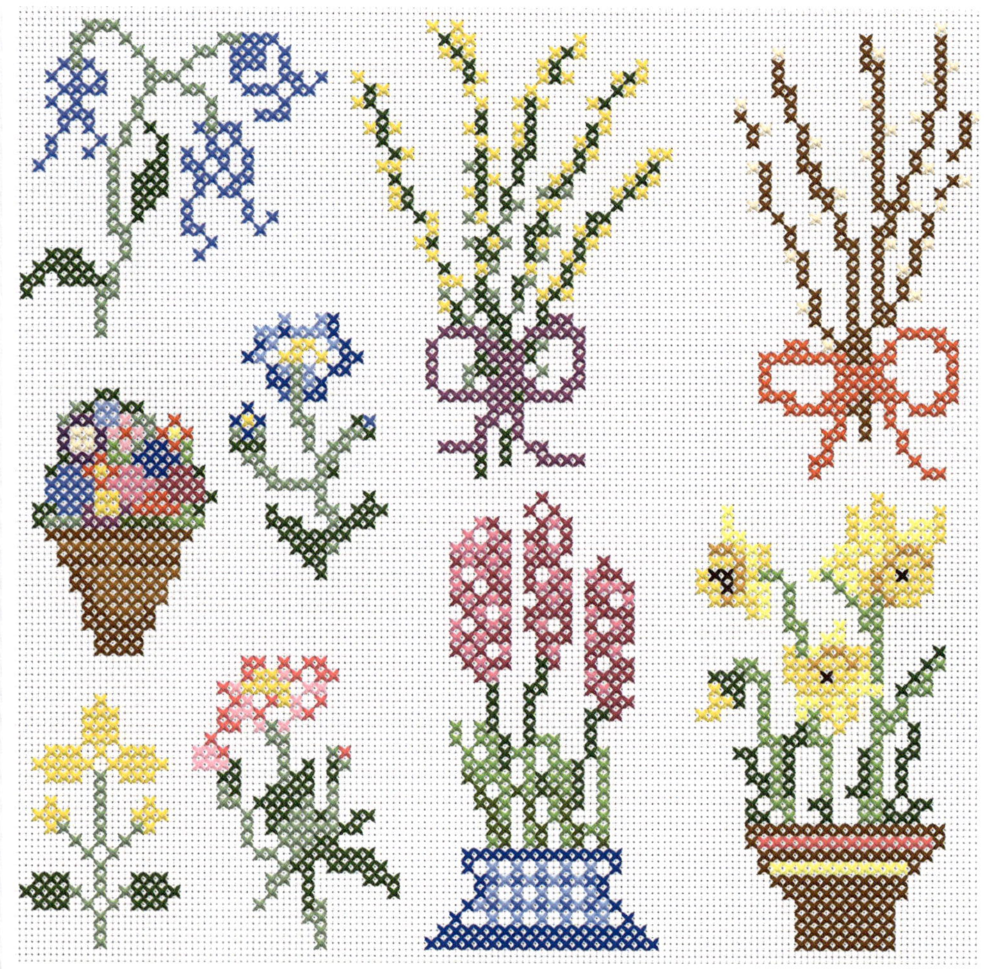

Farbe	Bestell-nummer
	241
	89
	109
	410
	39
	297
	169
	238
	303
	433
	298
	255
	75
	266
	314
	245
	49
	238
	245

Löwenzahn

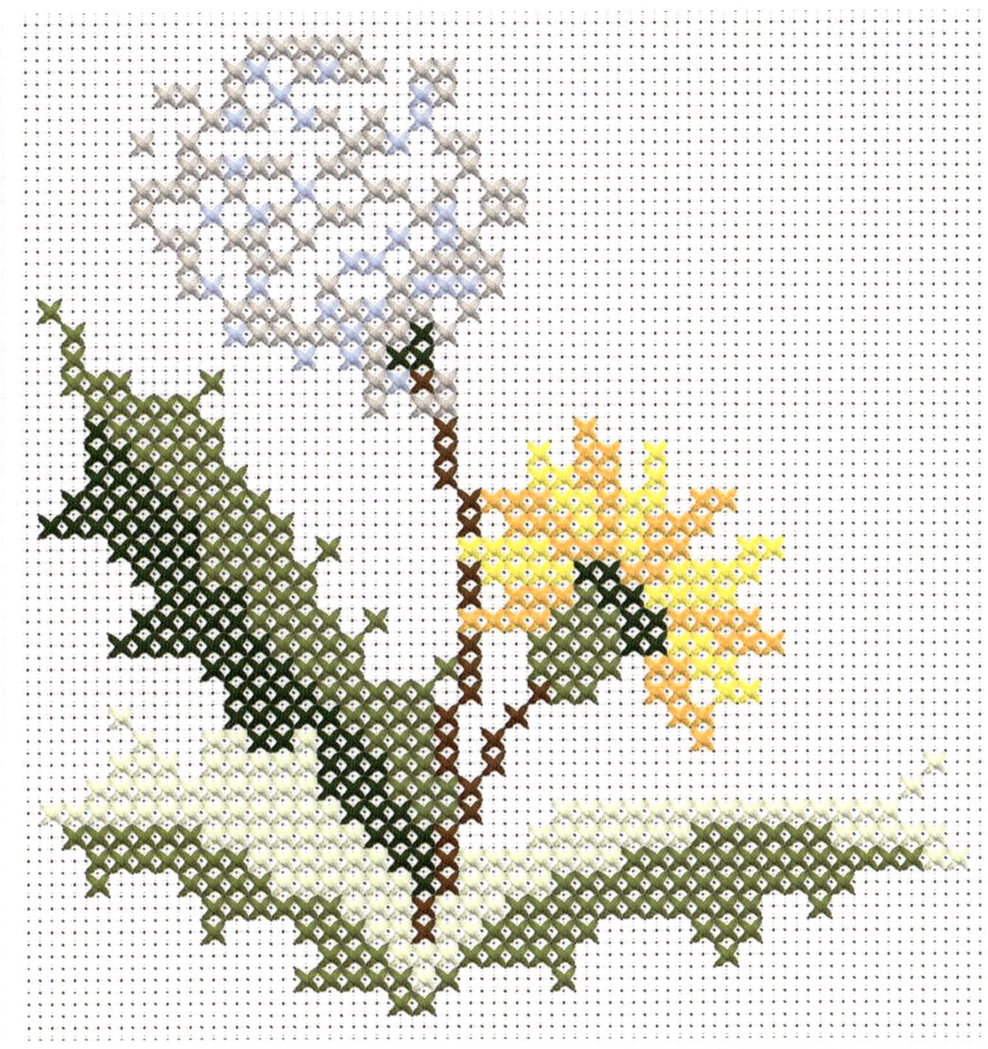

Farbe	Bestell-nummer
	160
	297
	213
	303
	944
	398
	266
	245

Frühlingsblumen, bunt

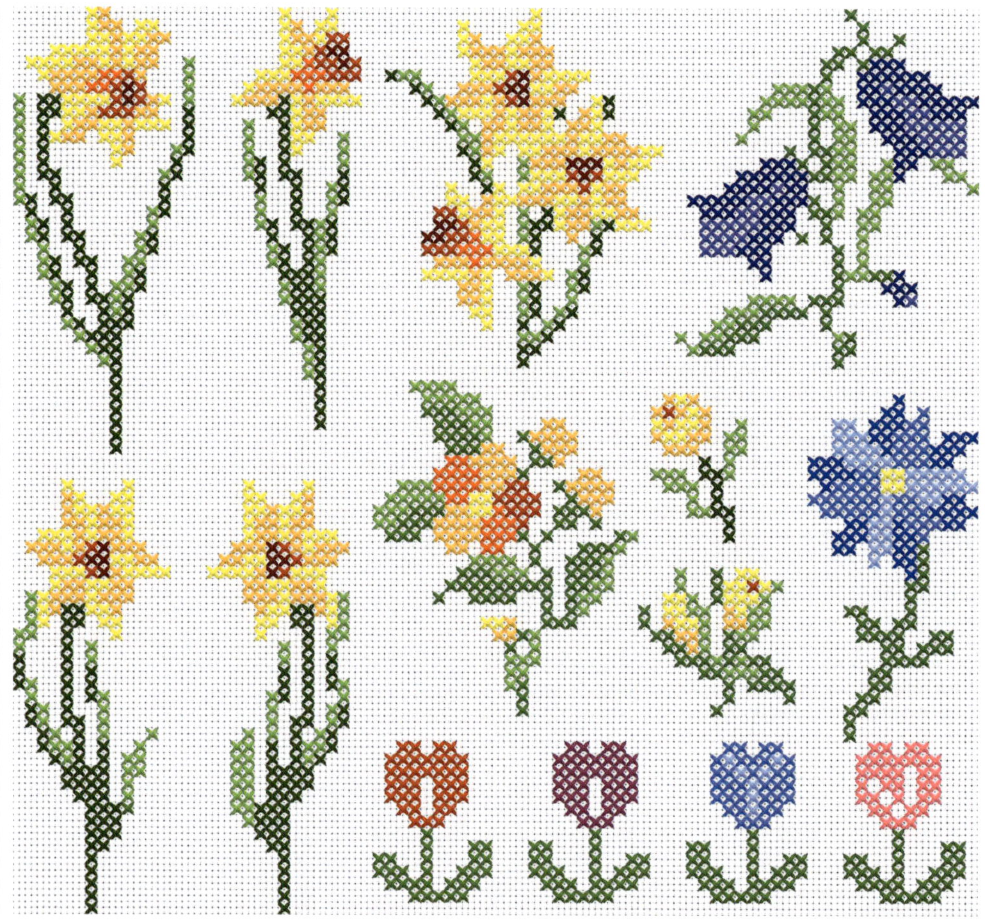

Farbe	Bestell-nummer
	925
	27
	227
	410
	326
	297
	1089
	94
	44
	303
	131
	1090
	132
	225
	245

Blumen und Rosen, einfarbig

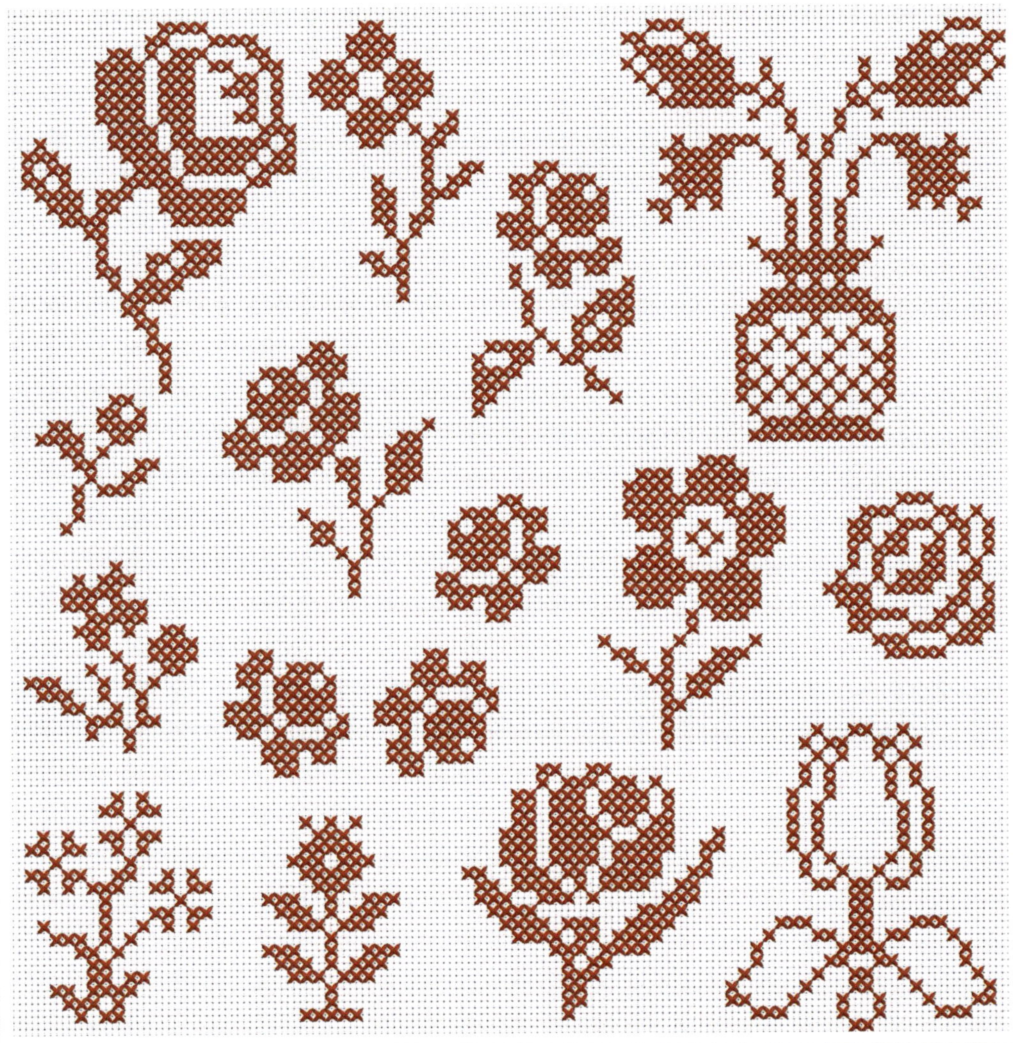

Rosen, groß und bunt

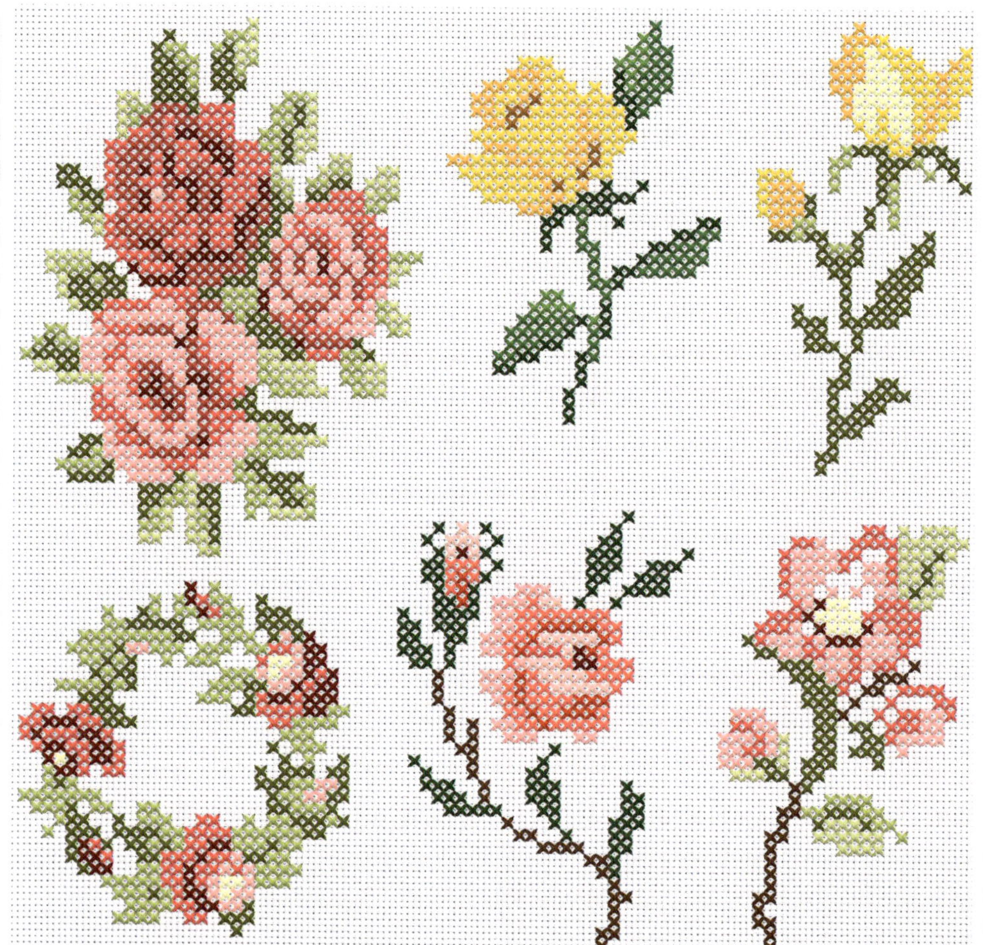

Farbe	Bestell-nummer
	226
	33
	308
	227
	38
	264
	36
	292
	44
	303
	229
	1021
	42
	267
	298
	1050
	9046
	265

Rose mit Verzierung

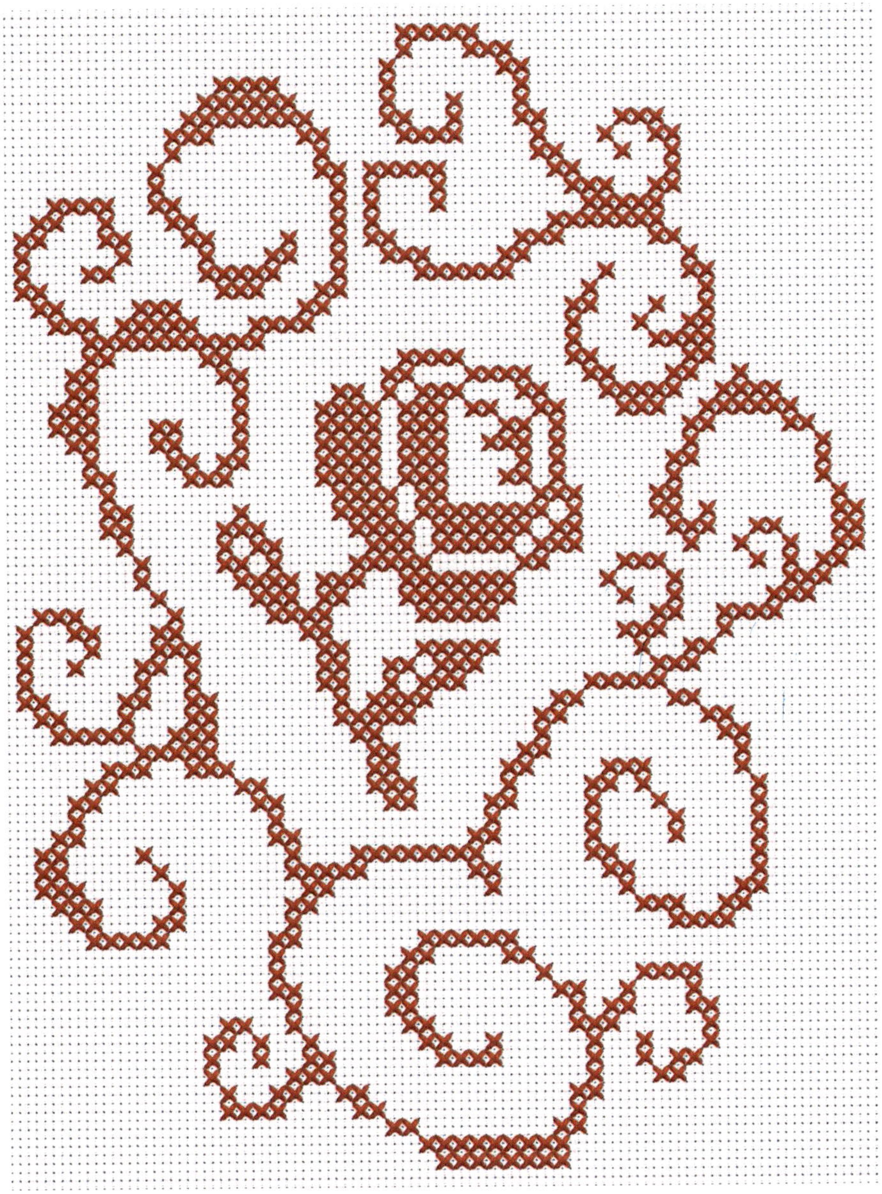

Rosen, bunt

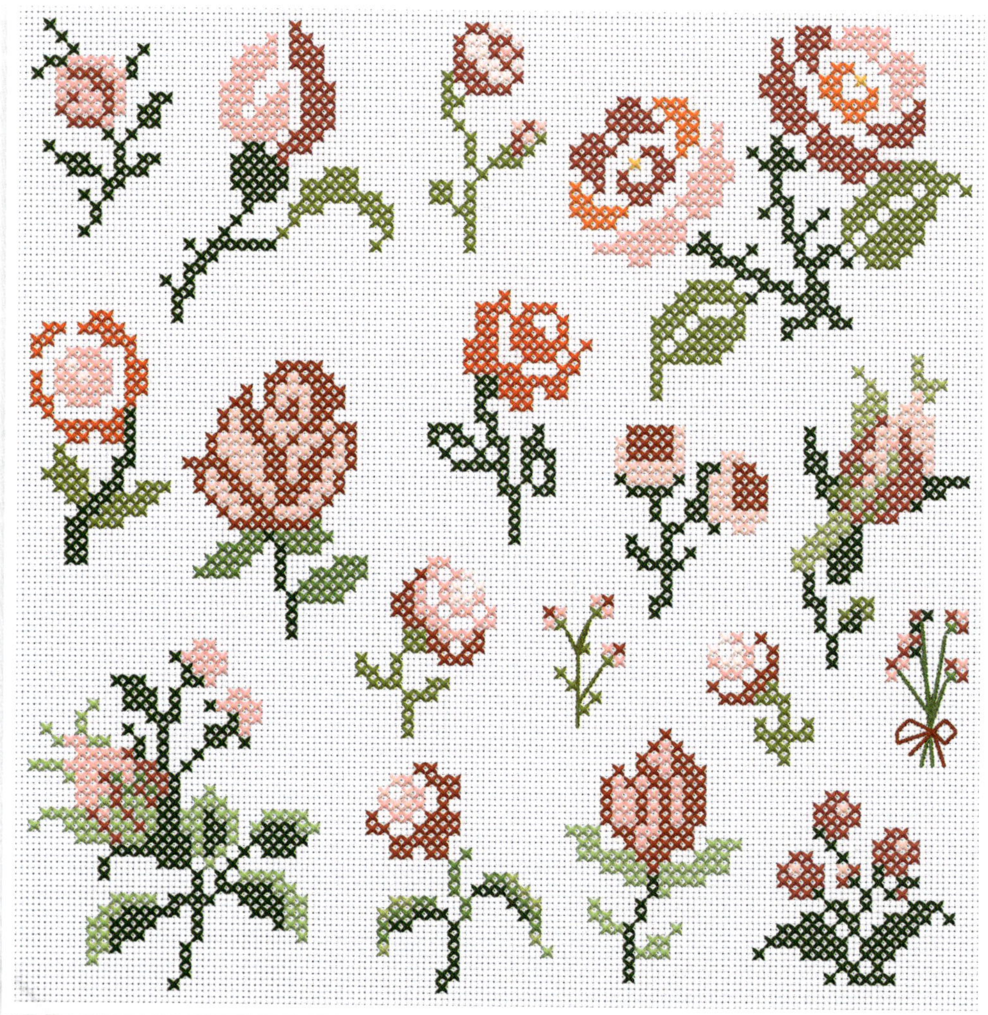

Farbe	Bestell-nummer
	226
	46
	241
	19
	36
	330
	303
	229
	1021
	42
	255
	1020
	265
	255
	226
	19

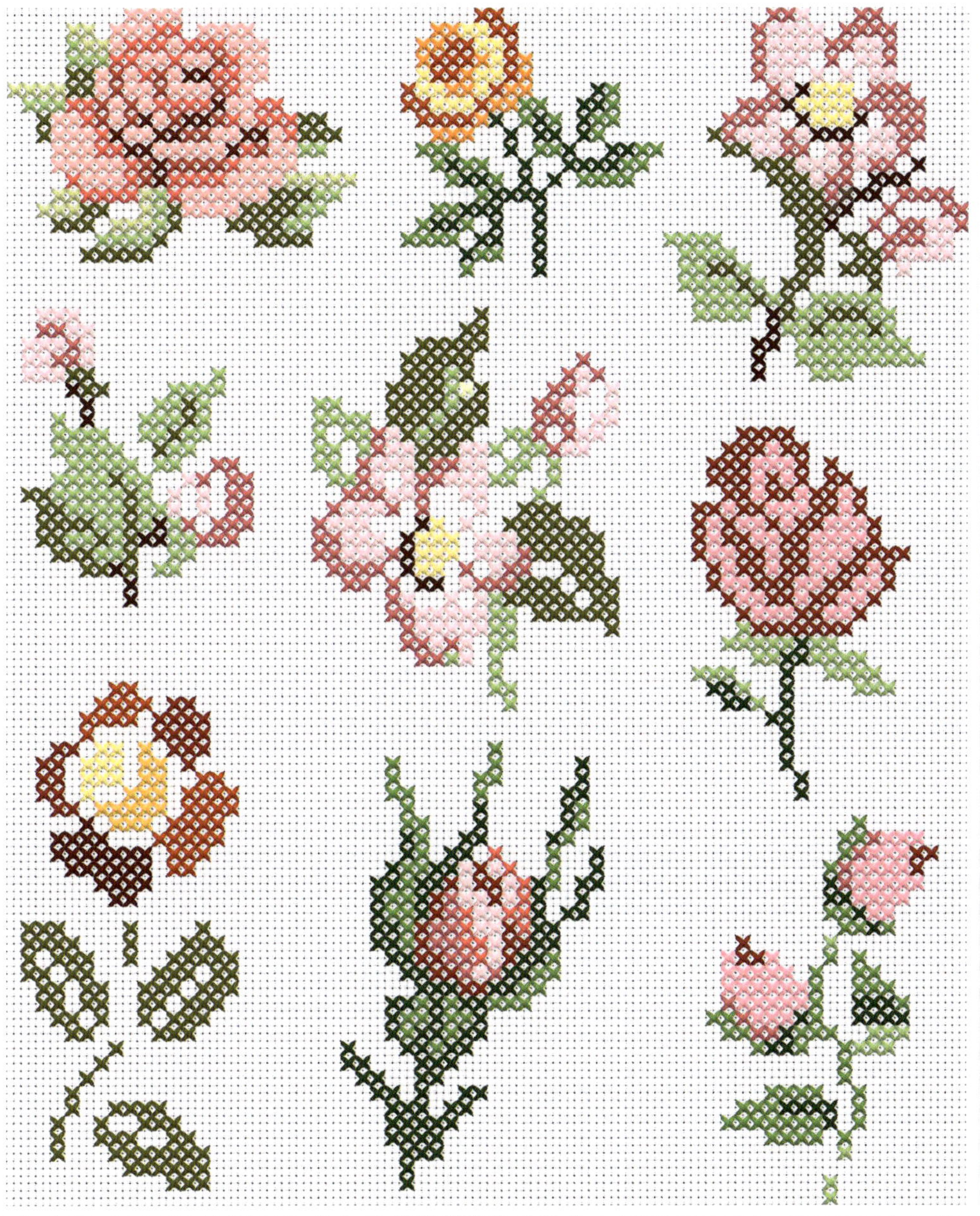

Farbe	Bestell-nummer
	226
	360
	241
	38
	264
	326
	393
	25
	73
	76
	36
	292
	1005
	303
	22
	311
	229
	42
	267
	314

Traditionelle **Motive**, einfarbig und schräg

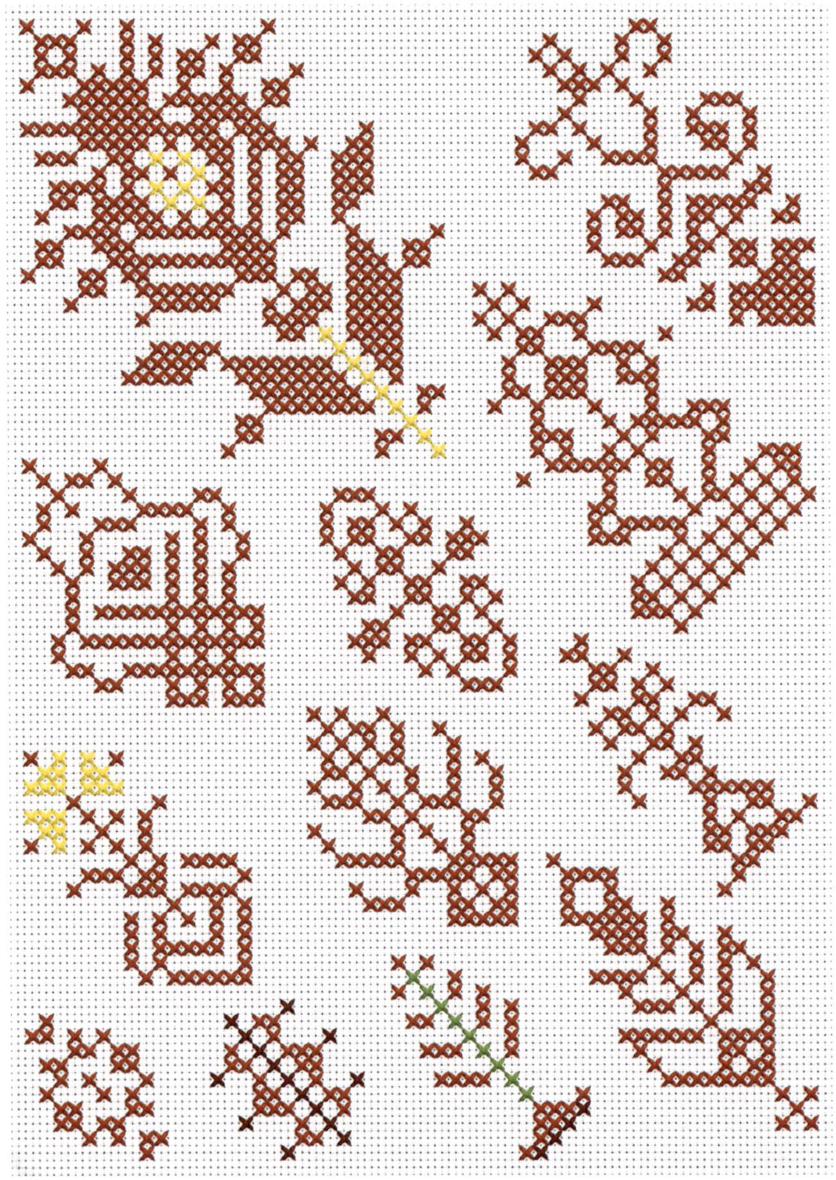

Farbe	Bestell-nummer
	47
	238
	44
	298

Traditionelle Motive, einfarbig

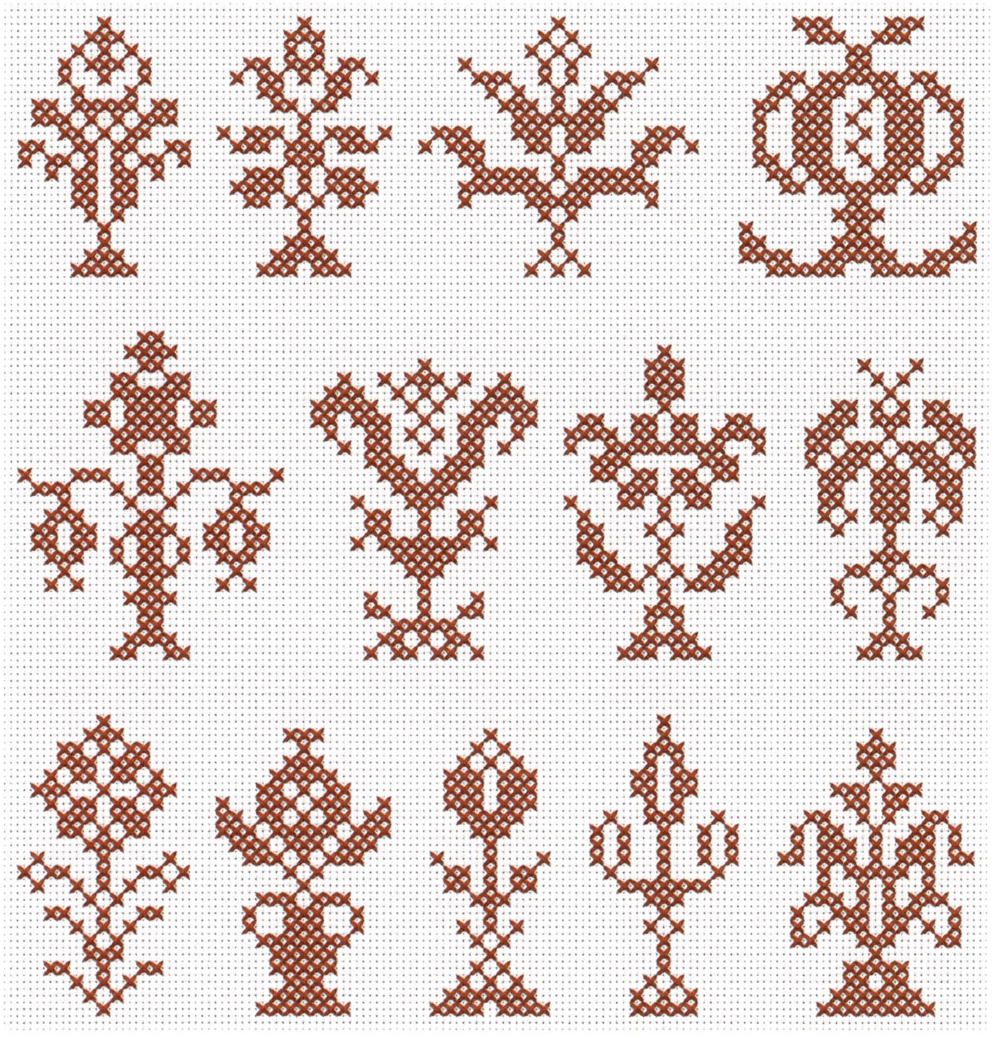

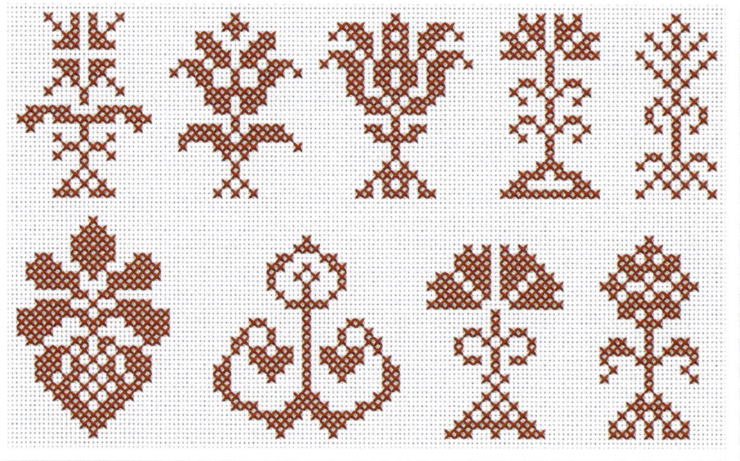

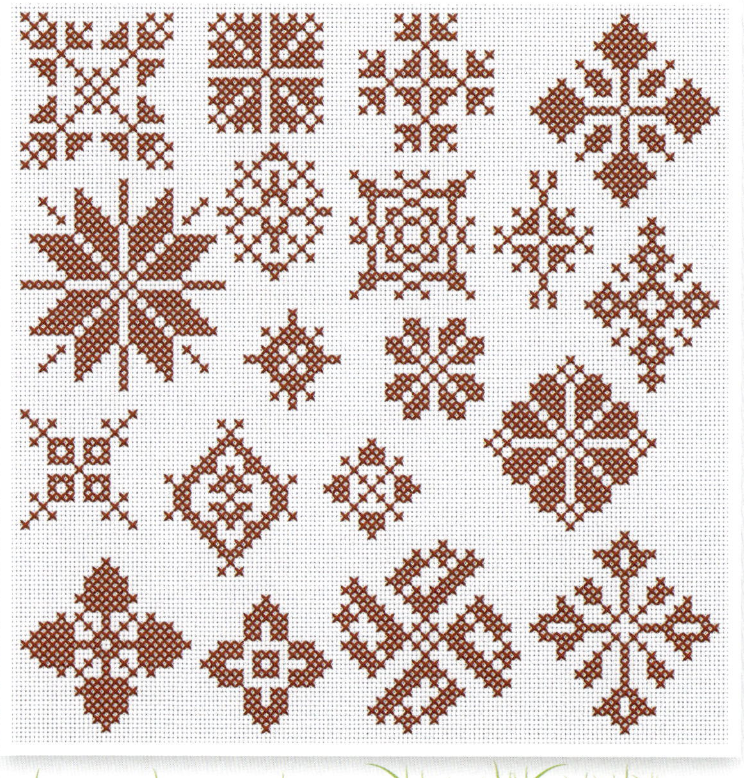

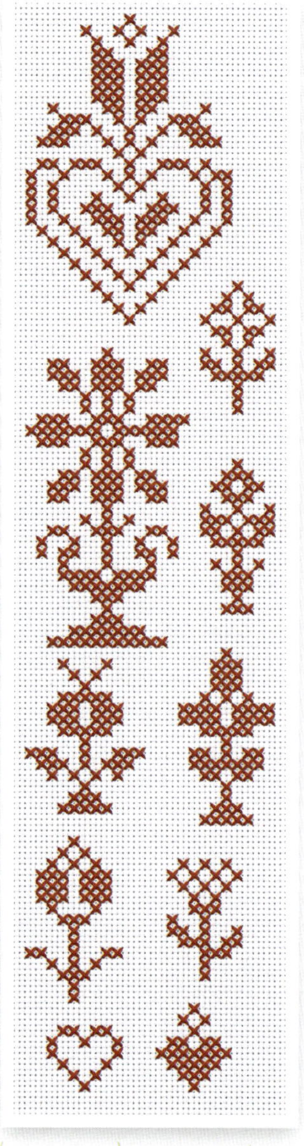

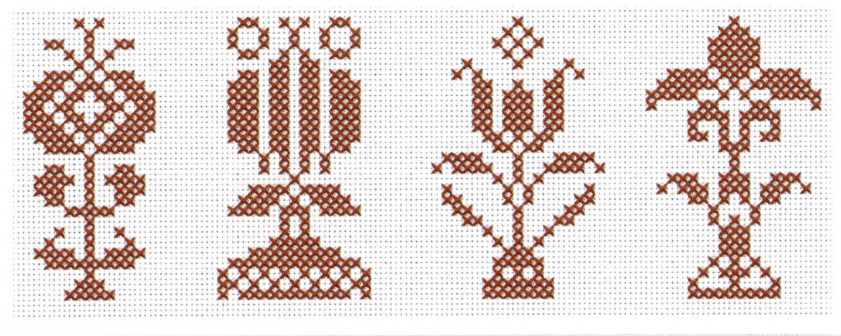

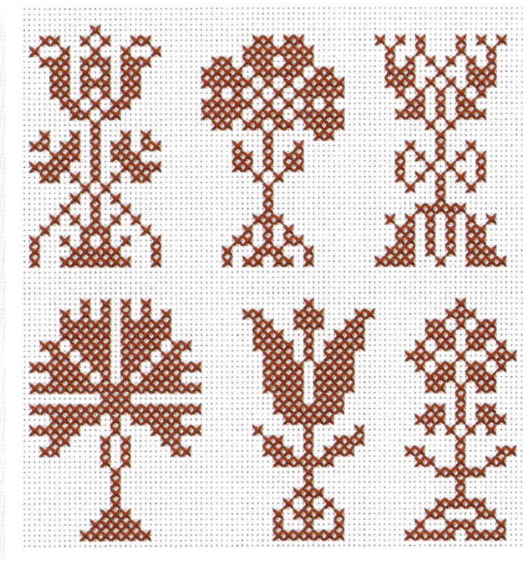

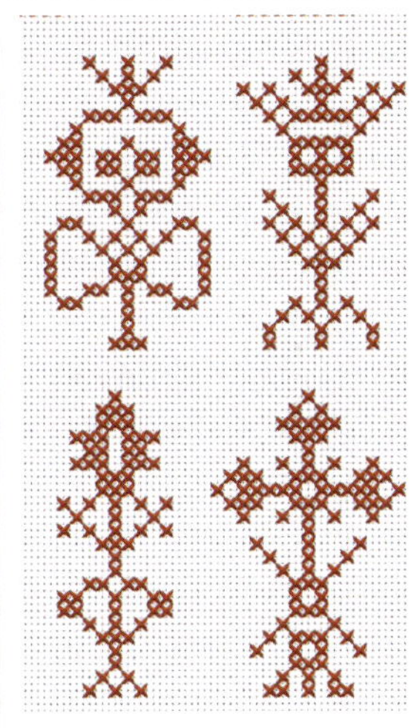

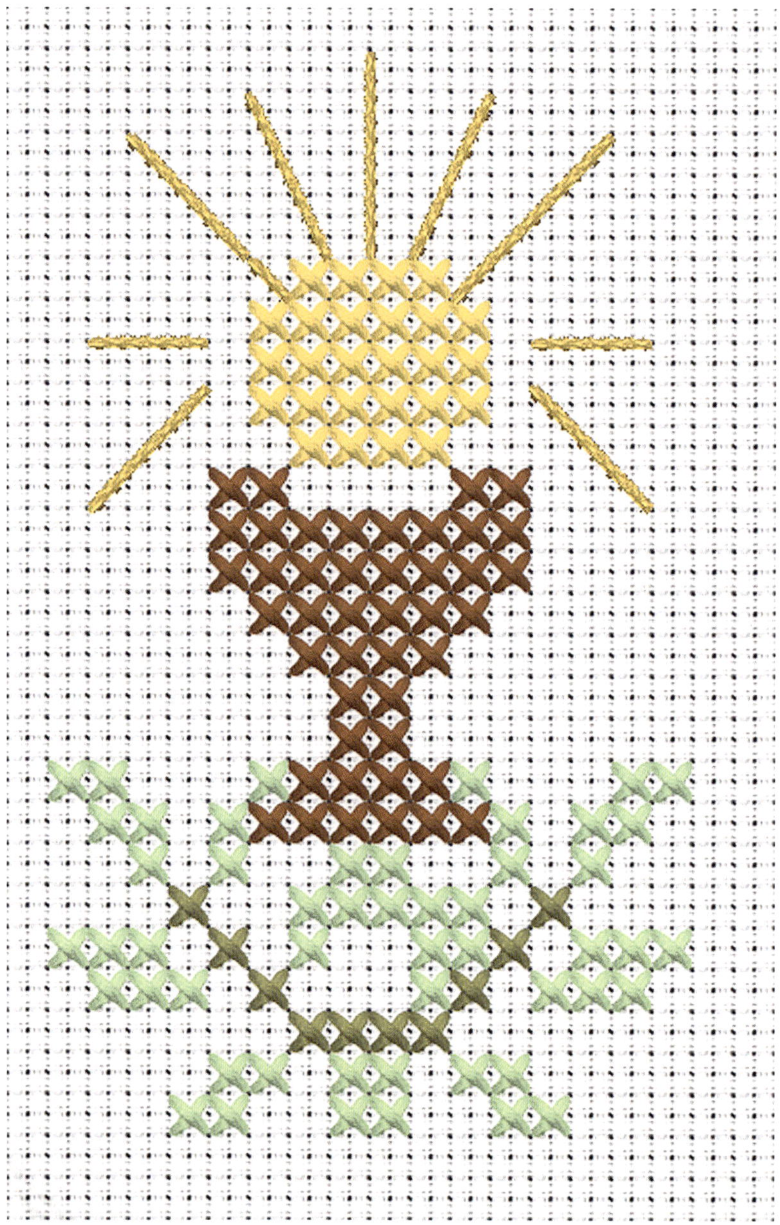

Kelch,
bunt

Farbe	Bestell-nummer
	3053
	676
	3772
	564
	676

Motive, bunt

Farbe	Bestell-nummer
	258
	90
	109
	92
	227
	410
	29
	297
	28
	254
	1090
	229
	1030
	42
	225
	306
	123
	298
	255
	9046
	52

Religiöse Motive und IHS, einfarbig

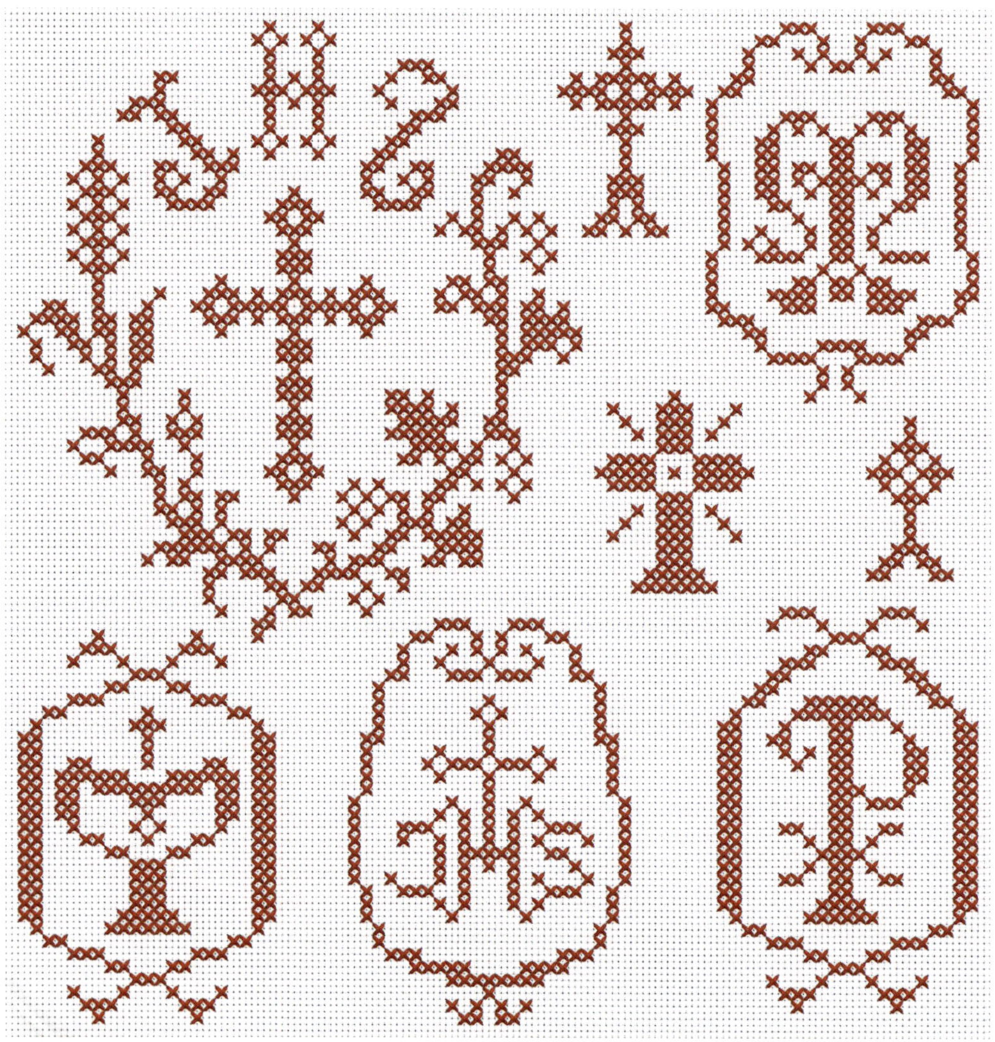

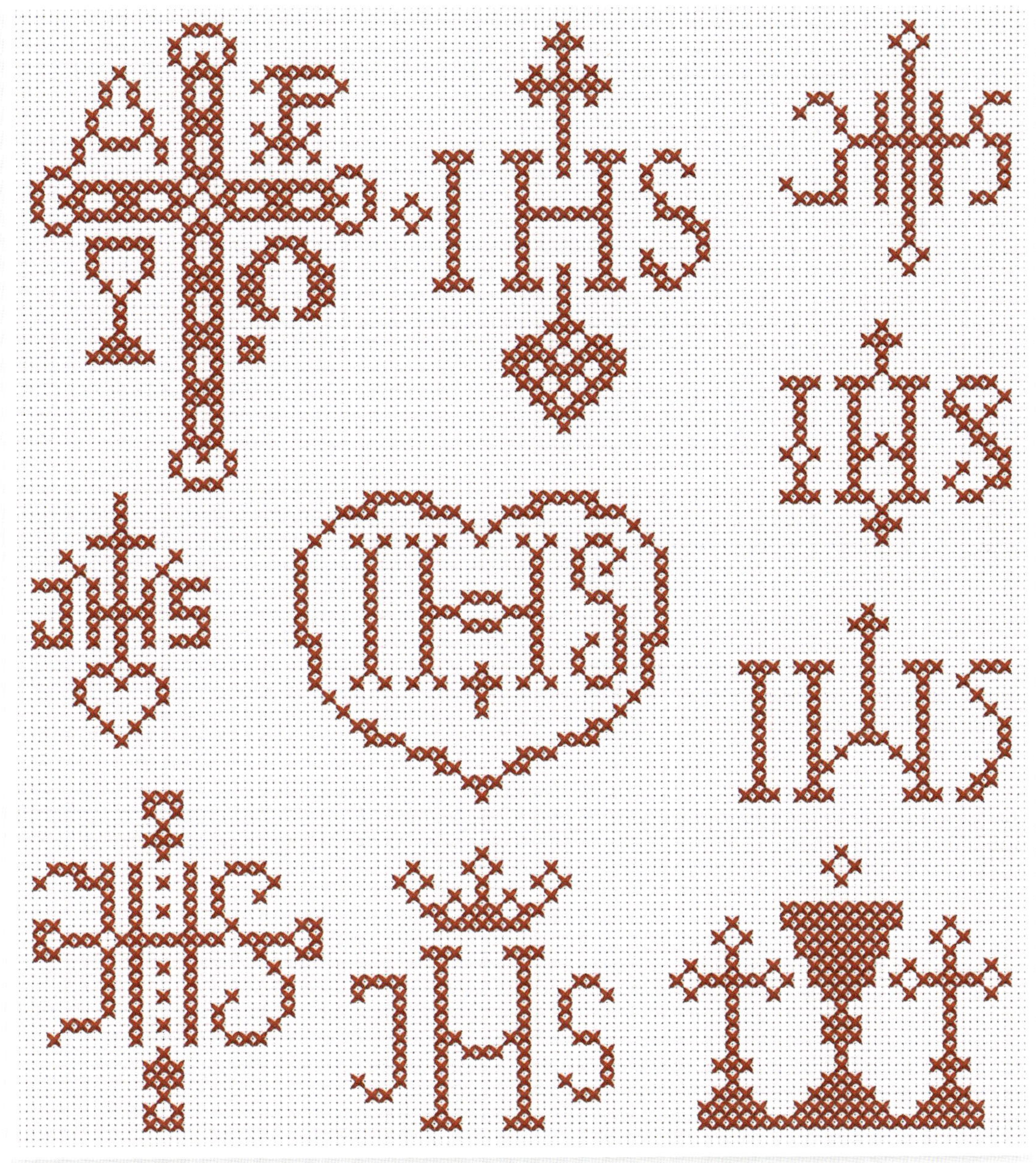

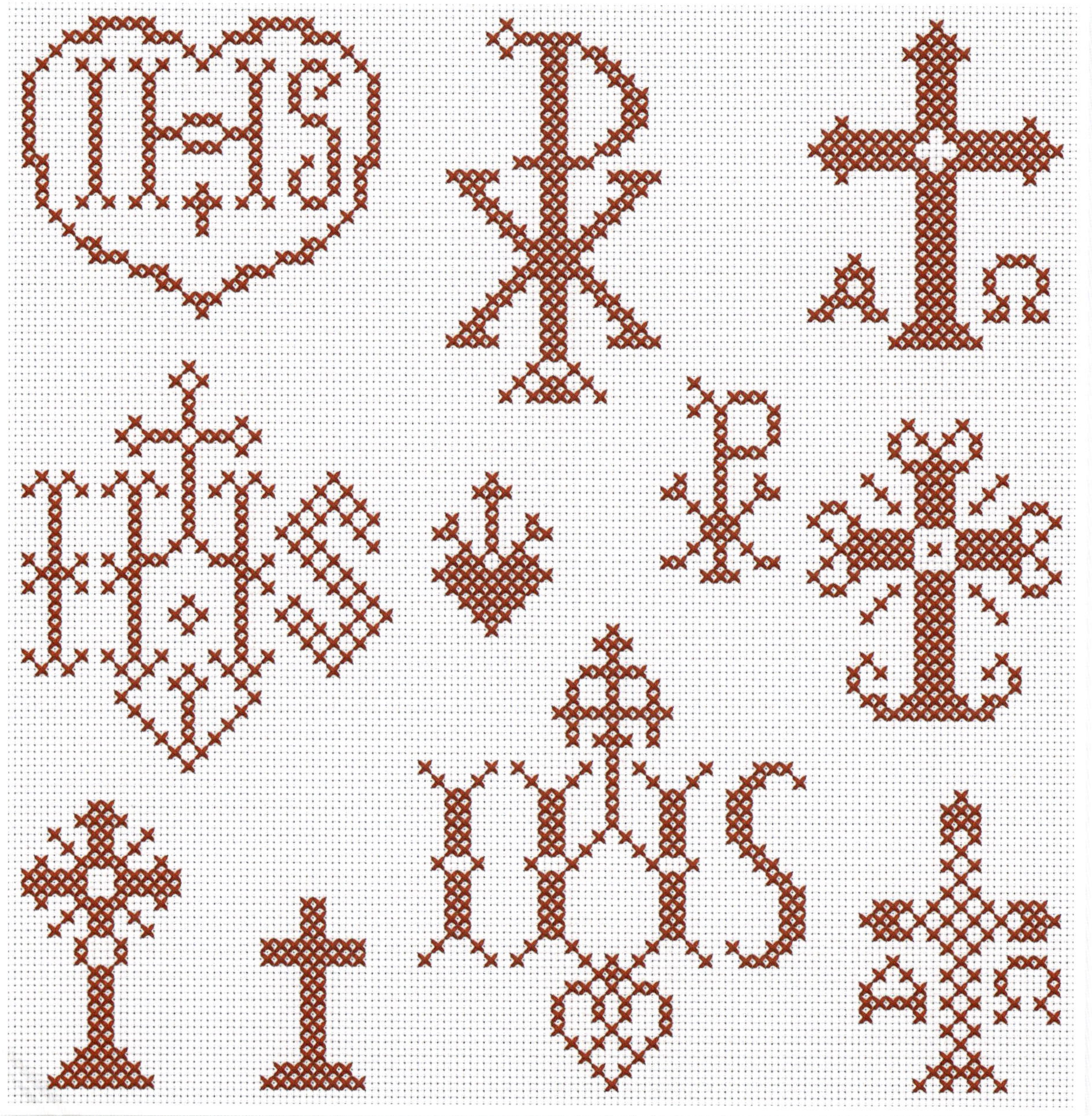

Religiöse Motive und Lamm, einfarbig

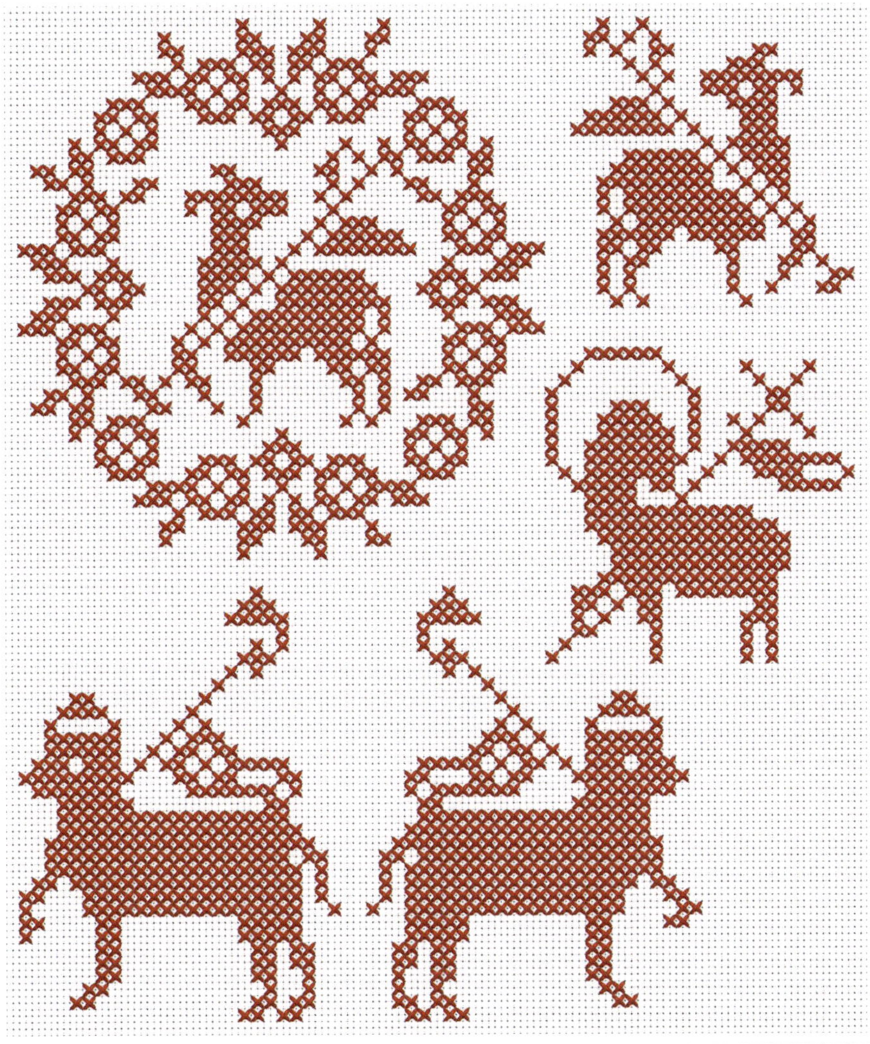

Bordüren

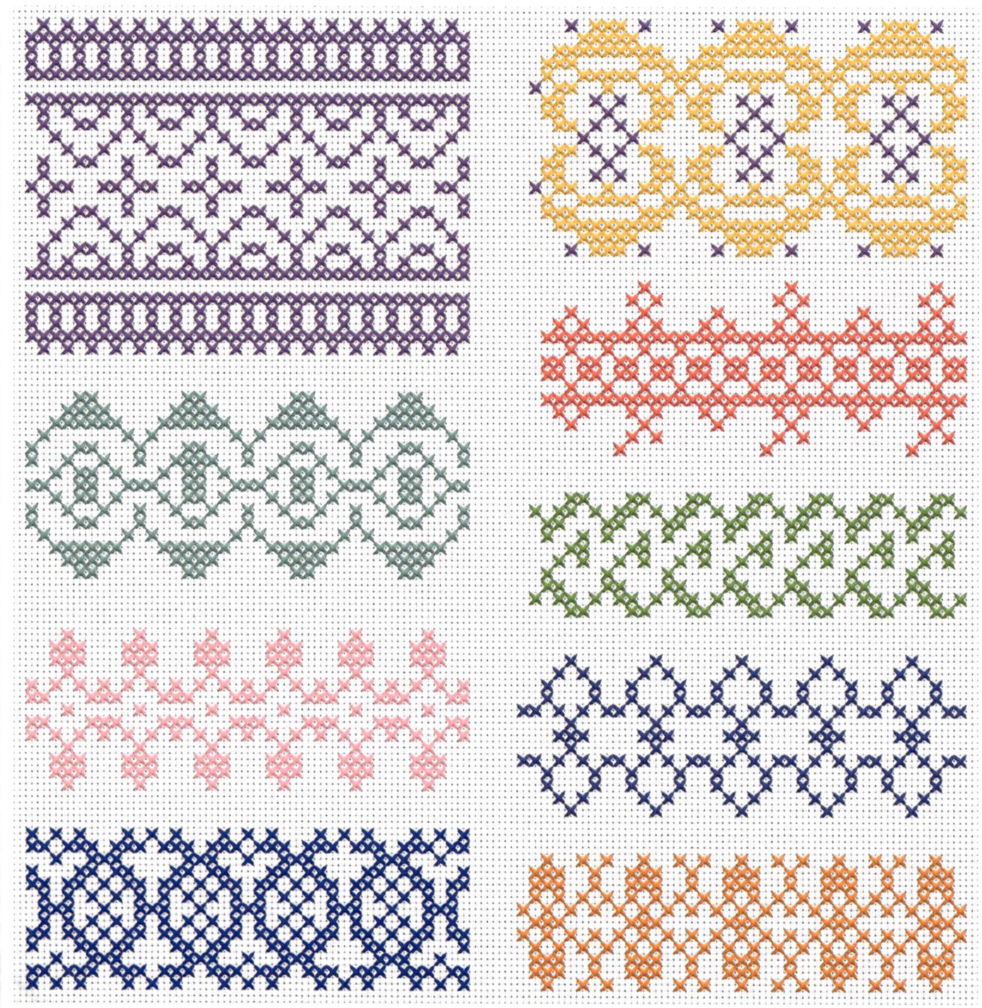

Farbe	Bestell-nummer
	226
	1003
	410
	142
	110
	187
	25
	303
	41

Sprüche

Im Garten
sitzt ein
Amselchen
und singt
sein fröhlich
Lied.

Ich horche
auf sein
tschiep
tschiep, tschiep
und singe
leise mit!

Was hoppelt
da im
grünen Gras,
mein Kind
es ist der
Osterhas',

flink
versteckt er
Ei um Ei
und auch
für dich ist
ein's dabei.

Figuren

Bestell-nummer	226	386	360	108	89	57	880	20	347	110	879	400	305	132	403	352	347	879
Farbe	\\	C	■	<	+	/	#	⁚	V		I	⋒	←	✳	↘		V	

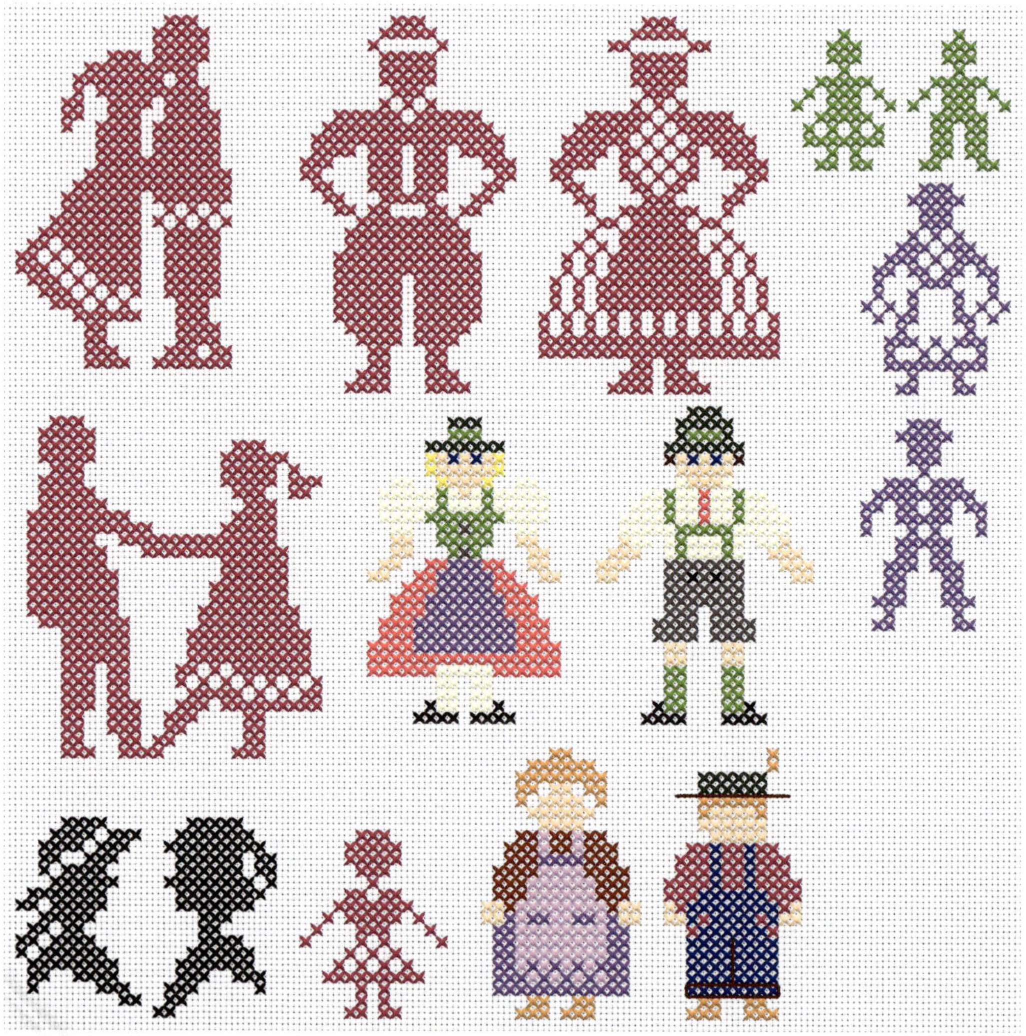

Monogramm Kranz

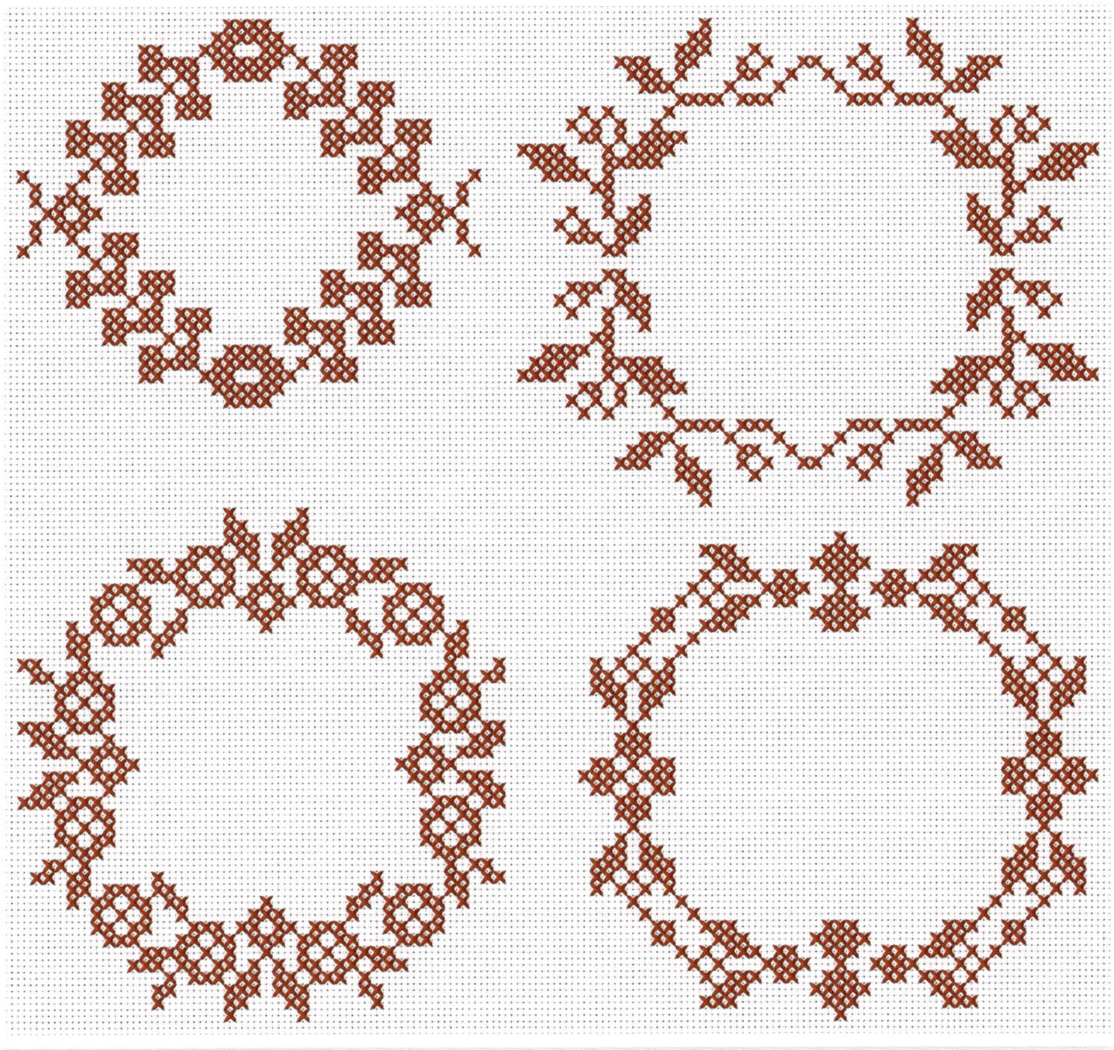

Buchstaben über 8 Kästchen

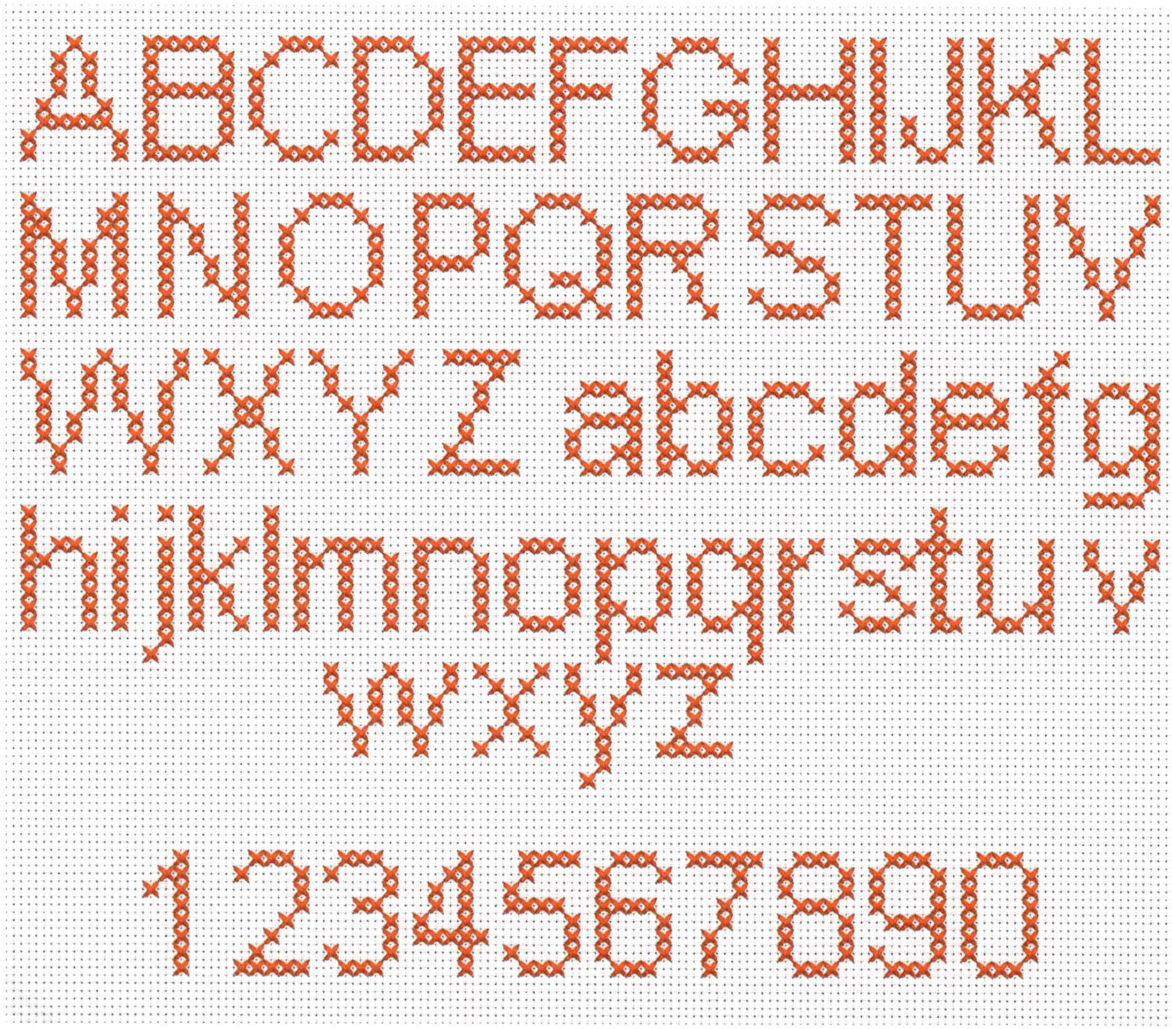

Buchstaben über 15 Kästchen

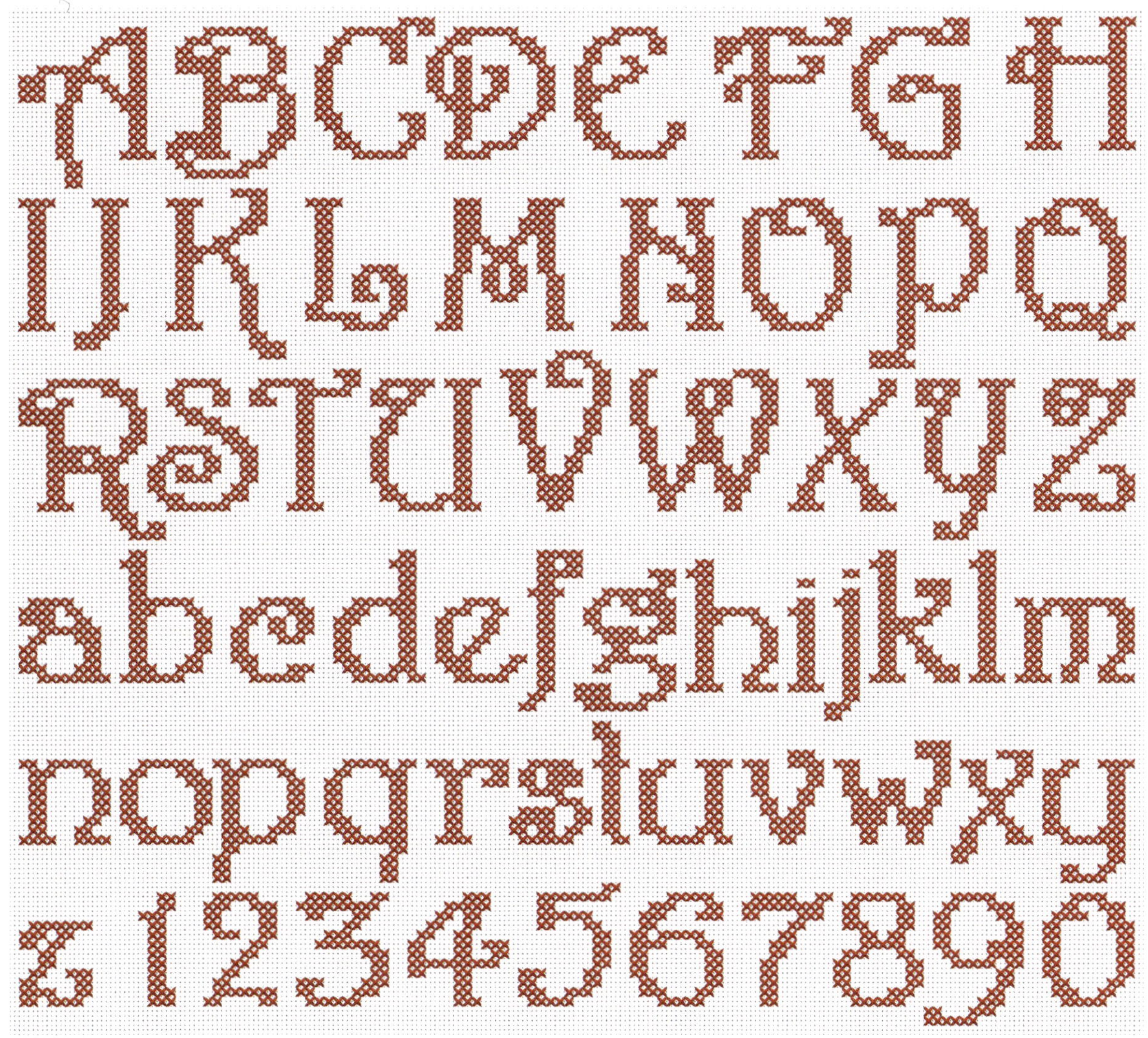

Buchstaben über 21 Kästchen

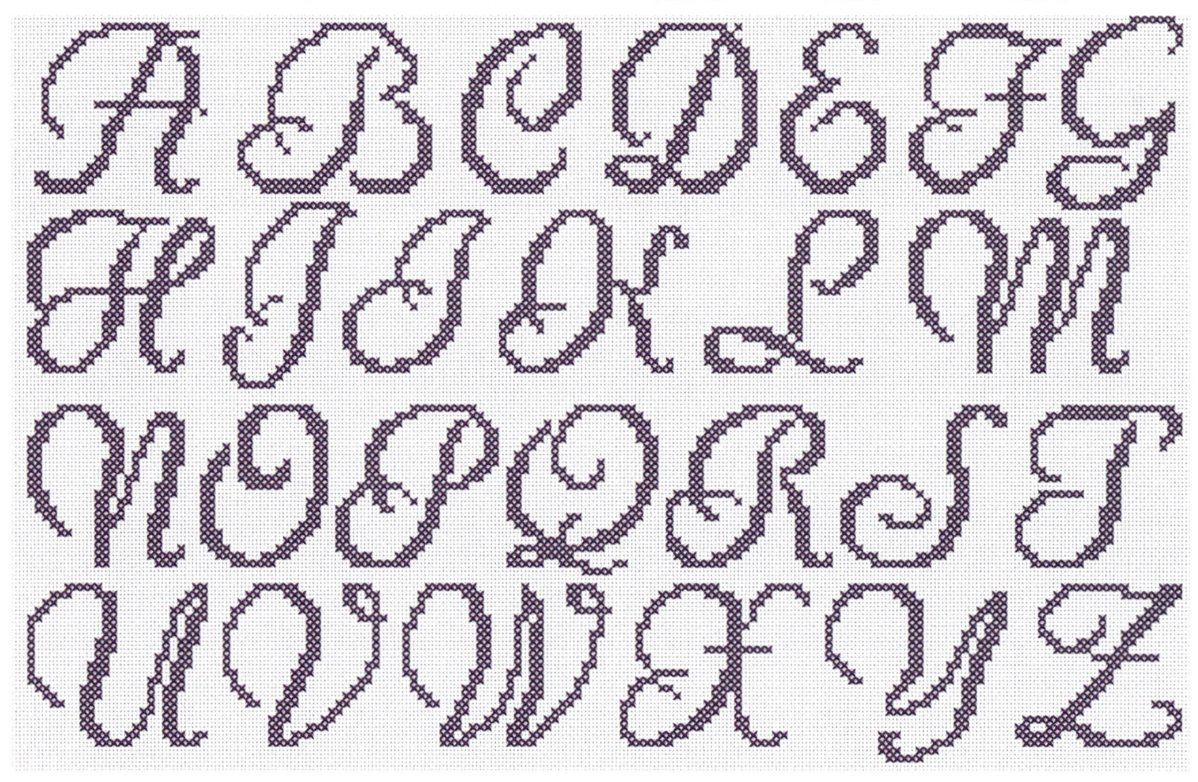